小さな旅

国東半島物語

通正知秀

海鳥社

日本一多い
国東の石造仁王

峰入り行（平成 22 年）

天然寺耶馬
（平成 29 年 4 月）

泉福寺坐禅堂　警策を受ける

岩戸寺奥の院参道

神宮寺焼け仏
８体安置されている。左端は脇侍の日光菩薩か月光菩薩（総高2.85ｍ）、平安時代の一木造り。右隣が本尊の薬師如来。

祈り

大不動岩屋

国東塔（伊美別宮社）
国東半島最大のもの（総高 4.76 m）。
伊美別宮社は京都石清水八幡宮の別宮。

吉弘楽（国東市・武蔵楽庭［がくにわ］八幡神社）
南北朝時代に始まる。天地四方の諸仏諸菩薩を招来し
天下太平、虫追い、五穀豊穣を祈って毎夏奉納される

ケベス祭

熊野磨崖仏不動明王

宇佐神宮勅使祭（平成27年秋）

無明橋

左：旧千燈寺跡（国東市）

若宮八幡社秋季大祭
国東六郷のうち来綱郷（豊後高田市）における宇佐八幡宮の別宮。仁寿２年（852）の創祀。豊作を感謝する例祭に伴い「川渡し神事」が永保４年（1084）から始められたという

修正鬼会　里へ下る災払鬼

古道の景（旧横手村）

旅のはじめに

私の生まれて育ったところは仏の里といわれる。私は今もそこで小さなお寺を守りながら暮らしている。

国東半島がそうである。国東半島は九州のちょうど頭の部分にあたる。口を開けうつむきかげんにまあるい顔を瀬戸内海に突き出している。その顔はなにかひとりごとを言っているようであり、ためいきをついているようでもある。いかにも人間くさい半島だ。

伊予灘と周防灘《すおうなだ》に面し、東西、南北ほぼおなじ、その径三十キロメートルほど。半島のまん中に両子山がそびえる。といっても七二一メートルだから高くはない。それを中心に二十八谷をきざんだ山嶺が海にむかって放射状にのびている。ゆるやかで穏やかな山容もちょっと分け入ると一変する。奇峰奇岩がつらなりまるで深山幽谷の他界に足をふみ入れたよう。たちまち俗塵を寄せつけない仙境となる。

そんなお山を古くから国東人《くにさきびと》は聖なる地としてあがめた。半島全体が霊地、霊山だった。山岳信仰の修行者を岩窟や峰のあちこちにながめることができた。そんな土壌のうえに六郷満山《ろくごうまんざん》文化が花開いたのは、まだ、京都に都があったころのことである。伝承ではそれより早く養老二年（七一八）、宇佐八幡の化身仁聞《にんもん》菩薩がお開きになったとされている。

国東六郷とは安岐《あき》、武蔵《むさし》、国東《くにさき》、伊美《いみ》、田染《たしぶ》、来縄《くなわ》の六つの郷をいい、ほぼ半島の全域をさす。その六郷にまたがる山内の寺院を総称して六郷満山とよぶ。寺院といっても岩をうがって中に仏さまを安置しただけの、岩屋石屋もふくまれる。満山寺院のほとんどには、鳥居が立っており六所権現が祀られている。六郷満山文化とは平安から鎌倉の昔、この地に栄えた神仏習合の独特な仏教文化のことである。盛時にはなんとこの小さな半島に八百坊、二千人の僧徒が満ちあふれ、さながら仏国浄土だったという。

六郷二十八谷には線香と護摩の煙がたえることなく、僧侶たちの読経のひびきが山峡にこだましてやむことがなかった。梵鐘が朝な夕な谷あいに長く余韻を残すように、人々は法灯を絶やすことなく、篤い信仰の心を伝えていった。そしていつしか人々は、そこを「ほとけの里」とよぶようになった。

峰々谷々には無数の寺院や神社がいらかを並べ鳥居を競っている。そして、ありとあらゆる仏さまや神さまが石に刻まれ木に彫られている。供養や祈願のためにつくられた石像、石塔はその数を知れない。当地にしか見られない宝塔もある。「国東塔」とよばれるそれは大きく優美でどっしりとしている。見上げるばかりの岸壁を這いのぼりよじ登ってみると、そこには石の仏さんが待っていた。そんなことも珍しくない。

陸の孤島といわれた交通不便が幸いした。おかげで、土のにおいをそのままに千年の時の流れをしずかにきざんで来られた。国家鎮護神としての宇佐八幡宮の威信、そしてあの元寇のおり、幕府から敵国降伏の加持祈禱が命じられた、という史実から中央の政治や権威とまったく無縁とはいえない。が、京畿の仏教文化に比すれば土着といえる。里人とともにあった。国東の自然や季候の中から生まれ出て、そして、今でも里人と共に生きている。

国東の人々にとって山野や路傍の仏たちはあたりまえにそこに在る。が、それは拝跪の対象である。神社やお寺は寄り合い場であり神や仏に供応する直会《なおらい》・お斎《とき》の場だ。観光の名所旧跡ではなく、生活のなかに息づいている。人と人との心をつなげている。仏教行事も国東のそれは独特。けっして寺院や僧侶だけのものではない。たとえば「峰入り」や「修正鬼会《しゅじょうおにえ》」。里人の信心や加勢なしには成り立たない。お寺と檀家、いやあまねく国東の人々がともにする伝統行事なのである。

国東は文書や記録が少ない。在銘の石像、木像、あるいはわずかに残された文書や縁起などによって歴史をかいま見るにすぎない。しかし、いにしえの国東人たちが、神仏を信じ、深い祈りを捧げてきたことは真実。それが証拠に、さまざまな行事が今日まで護り続けられている。お接待やお祭りがきちんきちんと当たり前のように行われている。今も人々は神と仏といっしょに暮らしている。その祈りと深い信心が千年の時を超えて今に伝えられてあるということ。

国東は仏の里というほんとうの意味はそういうことなのである。

そして、国東は風光明媚である。半島の一部は瀬戸内海国立公園の中にある。深い森や奇岩のつらなる中央山岳の一帯、伝説と夢の島とうたわれる姫島がそうである。白砂の海岸と深山幽谷の景勝が混在している。それだけでも十分魅力的で訪ね歩いてみたくなる。

私はそういうふるさとの山河大地を歩くのが好きだし、歩くと落ち着く。山や岩のいただきから眺める瀬戸内の海も静かでゆったりしている。歩くと岨道《そばみち》に見上げるような磨崖仏と出会ったり、里道に小さな野仏を見つけたりする。だからであろうか、ただの山歩きとは違う感懐をおぼえるから不思議だ。山ふところというより、もっと深く大きなものの内に抱かれたような気になる。仏のいのちを共に呼吸しているというのだろうか。いのちのつながりとひろがりを実感したような気にさせられる。

歩きたくなるのはつらいことがあったり、ちょっと一休みしたくなった時だ。だれもがほんとうは平和でしあわせに生きたいと願っている。なのに争ったり、いのちを粗末にしたり。つらい目にあったり、とにかく四苦八苦。思い通りにならない人生を恨んでいる。小さなお寺だから二東のわらじ。家族も一つ家に三世代、いろいろ悩んだりする。一人で生きていけるのだったらどうにでもなる。因陀羅網《いんだらもう》、因縁生起で成り立つ世の中だから、思いどおりに生きられるはずもない。はじめから困難な、この人の世をどう生きたらいいのだろう。

そんな時だ、歩いてみたくなるのは。聴いてみたい聞いてほしいと思うのである。さいわい国東の山河は静かで人々も落ち着いている。仏たちも遠慮がちにたたずんでいる。心の深いところでの対話に誘ってくれるふところの深さと温かさがある。それがありがたい。歩いて古老の話を聞くのもおもしろい。伝説や昔話がありありと生きとし生けるものの生死のありさまを教えてくれる。

はるかな昔より里人は仏たちに抱かれて暮らしてきた。さぞかし安心と平和な営みぶりであったろう。仏の里の静謐さはそう想像させてくれるに十分だ。しかし、そうではなかった。仏の里だから仏のような人ばかりが住んでいたのでもない。むしろ、逆に人間としての命を享けながら、地獄や餓鬼の苦しみにあえいだり、修羅の世界に生きた人のほうが多い。畜生といわれる生きものたちのほうがかえって人間らしかったり、生き方はさまざまだ。まさに、生死輪廻する六道の世界をつぶさに見ることができる。

概して国東のお寺や仏たちはひっそりとしている。朽ちかけた岩屋であったり、顔も拝めない焼け仏に出逢ったりする。それらの一つひとつにドラマがある。人間の悲喜劇が込められている。仏の里は別世界と思われた里人も楽しいだけの人生ではなかった。私とおなじように悩み苦しんでいた。それを知って少し元気が出た。思いどおりにならない人生。ときに生きるのがつらくなったりする。それでも生きていかなければならない人の世を、ほんとにどう生きたらいいのだろう。何を大事に生きたらいいのだろう。おおげさだがそう思いながら歩いている。旅している。そんな仏の里歩きをしながら古仏や古老、山河大地に聴いた話がこれである。

さっそく地図を開いて心配する人がいるかもしれない。国東には空港がある。陸の孤島といわれた国東も昭和四十六年、大分空港が開港されて一変した。今は国際空港となり、バイパスが抜け、ハイテク企業が進出している。次代を先駆け、世界と最も近い位置を占めることになった。しかし、旅人は安心していい。これも空港周辺のみで、海岸線を一歩奥に入ると昔ながらの国東である。

国東は美しい海と山が一幅の絵にきちんとおさまる。そして、最新のものと古いものとが同居している。それでも、やはり国東は圧倒的に古いもののほうが多い。胎動を感じられなくもないが、古いままだ。都会から来た人は静かすぎて眠っているようだという。

国東半島は九州の顔の部分にあたる。というのは九州全体が走っている姿に見えるからだ。京、大坂、東京に向かって走っている。昔からそうだった。幕末維新の志士もそうだったし、中世の国東武士も京、鎌倉に走っている。

半島の首根っこを今は日豊本線が走っている。古い地図には半島南岸沿いに国東線が記されていた。なつかしい軽便鉄道である。昭和三十六年の大水害で復旧できずに廃止されてしまったが、そのころの国東は人が多く元気がよかった。若い人、とくに学校に通う子どもたちがどの谷にもあふれていた。半島を縦横無尽にというわけにはいかないが、バス路線もにぎやかだった。あのボンネット型乗合自動車、そのバスに乗ればかならず話に花が咲く伽《とぎ》がいたものだ。

今もバスにたよるしかないが、寂しいものである。仏さんたちはでもホッとしているかもしれない。激しい過疎化とマイカーのせいで、路線も便数も極端に少なくなってしまった。一日に一本しか通らないバス停も珍しくない。海岸線をぐるりと国道二一三号線が取り巻いているが、それを直結するバスもない。六郷各谷の行き来も、いったん海岸線まで下ってまた上る、という一日仕事になる。

皮肉なことに便利なマイカーで不便をかこつようになってしまった。旅の人にはやはり今でも陸の孤島に変わりはない。だから、国東はやっぱり歩くに限る。歩けばきっと会えるはずだ。自分だけの仏さまやなつかしい人、そして秘密の「くにさき」に。

写真・尾立 孝

目次

旅のはじめに　17
平六どんの池　27
無伝尼公の夢　59
半蔵が淵　91
文殊仙寺の形代　123
修正鬼会　155
小さな旅　187
ナナさんと先生　215
あとがき　宇佐神宮と国東半島　251

平六どんの池

国東半島の南の玄関口は杵築《きつき》市である。「坂の城下町」としての街並みを今に残して風情がある。JR杵築駅から安岐行きか国東行きの路線バスに乗る。六郷のうち安岐谷、武蔵谷、国東谷に入り込むのはこれが便利である。

しかし、遠来の旅人に一番便利なのはなんといっても飛行機であろう。空の玄関口大分空港は国東市の安岐と武蔵の町境にある。いかにも国東らしい行者原《ぎょうじゃばる》という名の海岸を埋め立てて造られた。わが国初の海上空港であった。その滑走路と空港ビルの半分は武蔵町であり、もう半分は安岐町である。

「ベルトをお締めください」というアナウンスとともに飛行機は高度を下げはじめる。真っ先に目に入ってくるのが国東半島だ。ほんとに円い。おだやかな山並みや谷里が眺め分けられるころ、無数の光が反射しはじめる。曇りガラスのようなにぶいそれは、形も大きさもさまざまである。滑走路が見え始めるころ、それが溜め池であることに、旅人もようやく気づくはずである。

お寺の数とおんなじぐらいのため池が半島にはある。瀬戸内型に属し温暖で晴天に恵まれるが七、八月に雨が少ない。降ることは降るのだが、偏りがある。川もあることはあるが、短くて小さい。昔から水不足と日照りにはずいぶん苦しめられた。田植えが終わって水張りの時分は寝ずの番が何日も続く。だから灌漑《かんがい》用のため池はいつしか国東町内だけで百を超すまでになった。

半日もかきだせばすぐに底をついてしまうものから、まんまんと水をたたえて何十ヘクタールも灌漑する大きなものまでさまざまにある。ほしいときに存分に降り、ほしくないときは天気が続けばよい。しかし、そうはいかないのがお天道さま。とんでもないときに降りすぎて田んぼはおろか人家を流す。そうかと思えば一番水のほしい株分かれから穂ばらみにかけて一カ月も降らなかったりする。

百を超すため池の中に「平六《へいろく》の池」というのがある。国東の人間でも知らない人のほうが多いため池だが、土地の人は平六どん、平六どんの池といって親しみ敬っている。仏の里歩きはまずその池から始めることにしよう。

乗り遅れると、片昼《かたひる》（半日）も次の便を待たなければならないほど便数は少なくなった。が、それでもバスはありがたい。泉福寺《せんぷくじ》や神宮寺方面をめざす「行入《ぎょうにゅう》（稲川）行き」に乗る。ただし、日曜祝日は走らない。バスターミナルは国東町でも一番の中心地鶴川にある。空港特急バスが走るまでは半島バス路線の文字どおり発着基地であった。近ごろは新しい道路が西側に抜けてさらに寂しくなった。ただ変わらないのはプンプンにおってくる潮の香だけ。バスは国東市役所、国東橋を過ぎてすぐの四つ角を左に曲がる。右は田深《たぶか》港。かつてはフェリーの港であった。一日一往復周防灘をはさんだ徳山港を結んでいた。その港には漁船はもちろん、竹や石材を載せた運搬船も停泊している。釣り糸をたれて腰をおろしている人もいる。夏はとくにゼンゴ（小アジ）釣りでにぎわう。バスは真正面に大嶽山《おたけさん》を眺めながら田深平野をまっすぐに上る。二つの谷の「落ち合い橋」をわたって元中学校前の小さな峠を越えると、また田んぼが広がる。広がるといっても、こちらの山と向かいの山とで話ができるぐらいの谷あいである。国東六郷の谷はだいたい似通ったような狭さだ。小学校を過ぎてすぐ右手の山腹に泉福寺がある。両子山《ふたごさん》群のひとつ大嶽山の山裾に抱かれるようにしてある、そこらあたりを横手地区という。戸数は一二〇足らず。ややカーブして細長くのびた谷の、おもに北側に集落が続いている。

バスは最新式の行入ダムのほうに上って行くが、降りて右に歩いてみる。バス停付近には横手神社があり、コミュニティセンターもある。が、右に道をとるとしばらく民家も人影も途絶える。木陰道にやがて、ひっそりと平六どんの池が見えてくる。飛行機の中から見ると、無数の反射の一つにしか見えないため池も、傍に立つと意外に大きい。ゆたかに水をたたえて静かである。今も、横手に広がる菊永丘の灌漑を一手にひき受けている。

高良の棚田より六平どんの池を望む

平六どんの池端に碑が立っている。もちろん平六どんのことが書かれている。土地の者で平六どんを知らない者はいない。私もこの村で育ったから小さいころから聞き知っている。

平六どんは今から六五〇年余りも遠い昔の人である。そのころ、つまり中世のこの地の大きな出来事といえば、泉福寺が開かれたこと。おそらく平六どんもお参りしたにちがいない。碑文「平六どんの池」の墨書は、くしくもその泉福寺の住職によるものである。

頌徳《しょうとく》の碑文には「溜池建設に専念し、困苦艱難《かんなん》日夜を分かたず、熱血溢れて其の完遂に命を賭した」とある。が、国東は分からないことが多い。やはり、このため池の起源もほんとうはよく分からない。平六どんのことも分からない。分からないが、土地の人たちは、この池は平六どんによって完成されたと言い伝えてきた。そう信じて、池を大切にし平六どんを祭り続けている。

碑文はさらに、平六どんはこの地の文化向上、産業啓発に尽瘁《じんすい》した大いなる先覚者であったと記している。手ずから鍬《くわ》をもち額に汗する百姓であるとともに、農民の指導者であり、村のリーダーであった。その「村おこし」の礎、基軸がこのため池であったというのである。これしか分からない。これしか分からないから、かえって平六どんは私の中で自由に歩き出す。

今はセミしぐれの木陰道を、平六どんも何度も歩いてきたにちがいない。もちろんため池建設の現地調査に、そしてお参りに。この池の奥には高良《こうら》地区がある。戸数二十たらずの小さな集落だ。民家が寄り添う狭い谷をさらに上り抜けた左手の山中に、ホーヤク祭で有名な帝釈天王堂はある。そのお堂は六郷満山を開かれた仁聞菩薩が修行した岩屋。菩薩自らが刻んだ帝釈天の石像がござっている。ここにも平六どんはお参りしたはずだ。

私もお参りしたことがある。あぜ道を何回か曲がりながらのぼっていく。竹林を抜けてまもなく鳥居の前にでる。ここからいよいよお山。大木が生い茂り鬱蒼《うっそう》としている、が密生しているのではない。大きい石小さい石、丸い石平たい石が不規則にならぶ石段が急になりはじめたところで、朽ちた大木が真横に行く手をふさいでいる。そこではじめて辺りを見まわした。大小の岩石がぽつぽつと顔をだした岩場だった。なのに見上げるほどの大木が空を覆い隠している。その朽ちた欅《けやき》と杉の樹が十メートルほどの高さで合体している。杉のほうはもう何年も前に合わさった部分からべっきり折れて腐っているが、くわえこんだ欅に支えられて立ち枯れている。生きた巨木も途中でからまりあったまま天を覆っている。大きな瘤《こぶ》をいくつも宿している老木、白い斑点をつけた大樹もある。

もうこの辺りいったいは神域、聖なる場所でナタや斧は振るえない。台風で倒れ、雷で焼かれても朽ち果てて大地に帰るまで、ただ時の流れにまかせるだけ。神の意志のままに、あるものは緑の葉をしげらせ、あるものは根をはねあげて朽ち倒れている。何百年にわたっていっさい刃物を加えずに聖域を守ってきた高良地区の人々の信心深さがしのばれる。

帝釈天はインドの神話で最も強い神々の王様だった。のちに仏教にとりいれられ、梵天《ぼんてん》とともに仏教の守護神となった。その荒々しい武勇をみこまれたのだ。帝釈天王ともいわれ、味方にすれば頼もしいかぎりだが、敵にまわすとやっかいだ。神話のもとインドラは、悪竜ヴリトラをやっつけ水と光を奪い返しふたたびこの世にもたらした英雄でもある。

だから高良の人々は、毎年春と秋の二回のお祭りを欠かさなかった。五穀豊穣をお祈りし、収穫のめぐみを感謝した。お祭りには蒸した団子をお供えすることになっている。そして、祭りのごちそうはおうどんだ。今は年に一回のお祭りになっている。平六どんもホーヤク祭にかぎらずお参りしては豊作を祈り、実りに感謝。そして村と里人の平安と発展を祈ったに違いない。

私がいつ平六どんのことを知ったのか、今となっては定かでない。家族に教えられたのか、農繁期のときなどに大人たちが話している声に聞き耳を立てたのか。いずれにしても碑文に書かれているような平六どんの話ではなかった。

記憶をたずねに一五〇メートルほどの池の堤を歩いてみた。あの木陰道を小学生の昔、たしかに私は何度か歩いている。木陰道の池の辺りを一人で通るのは静かすぎて不気味だった。というよりも、恐ろしかった。そのころは、子どもが村にあふれていた。わざわざ遠出をしなくても遊び友だちは近くに何人もいた。高良は、子どもの足ではずいぶんな道のりになる。なのに、時々遠征した。そういえば、そのときの友だちに初めてこの池のことを教えられたような気がする。子どもの目には大きな池だった。どんよりと深い池の緑にぞくっとした。たぶん、それは深い池の色のせいだけではなかったはずだ。

平六どんが「ひとばしら」に立った。たしか、そう聞いたからだ。いや、人柱とは聞かなかったかもしれない。生きたままこの堤に人間が埋められた、そう聞いたのだ。今歩いているこの堤の下に。思わず足をあげてしまって、はっきり思い出した。ドキドキしながらあらためて緑の水面をながめわたした。この池は平六どんが人柱に立ったのだ。

平六どんは楽しかった三年前のホーヤク祭を思い出していた。その日も肝煎《きもい》りの家に若い衆が団子とうどん作りに集まった。男衆が小麦粉をねって、女子衆《おなご》が煮炊きだ。男衆も女子衆も今日は朝からうきうきしている。話ははずみ、それこそ箸が落ちたといっては笑いころげる。男衆が何か言い出す前にもうプッと吹き出している女子衆もいる。

いつも軽口をたたいてふざける竹さんが、また頓狂《とんきょう》なことを言い出した。

「うどん粉を、ただ伸ばすだけじゃおもしろくもねえ。ほうら、これこれ」

とさし出して見せたのはみごとな陰陽一対、男女の性器であった。

「まあ、竹ちゃんな、なんちゅうホーヤクな」

と顔を真っ赤にして女子衆は逃げまどう。

若い者の歓声はしばらく止まなかった。お供え物に不謹慎な、とみんなの顔をチラッとかすめないわけではなかった。が、それを帳消しにするほどそれはみごとだったし、なんといっても今日はお祭りだった。はずむ心が満面の笑顔になって、それを見まもる平六どんの気持ちもたまらなく愉快だった。

負けずぎらいの千吉がみんなが笑いころげているあいだに、竹三に劣らないものを作って内所の女子衆の目の前にぶら下げて見せてまわった。それで堰が切れた。男衆は競って立派なモノを作り出した。

それから、若いもんのあいだで「帝釈さまのお祭り」というものはいなくなった。「ホーヤク祭、ホーヤク祭」で通じた。

そんな楽しかった祭りもあれが最後だった。あれから三年、ホーヤク団子にする小麦はもちろん、赤い米（大唐米・品質の悪い米）も、大豆も黍《きび》も稗《ひえ》も取れないのだ。時節はずれの日照りと長雨のせいだ。

「オレのせいだ、オレがあんなバチあたりのことをしたからだ」

と自分を責め続ける竹三を、ホーヤク祭の祭主をつとめる神宮寺の和尚さんは、

「帝釈天は武勇の神様だが、英雄色を好むのとおりたいへんな好色家だった。千の女陰を体に印しちょったほどじゃから、あのホーヤク団子はいい供養じゃった」

となぐさめた。みんなもそう言ってなぐさめた。なぐさめられていっそう竹三はショゲかえった。それを見るのはつらかった。平六どんも竹三や若い衆の味方だ。貧しい村に悲しい顔は似合わない。苦しい生活にくらい顔は一層つらさをくわえる。それを笑いとばそうとする若い者の元気とくったくなさが好きだった。祭りはそんな貧乏くささを忘れるひとときだということをみんな知っている。

しかし、近ごろはその若い者の笑い声もぱったり聞こえなくなった。それほど村人はまいっていた。野辺の送りが急にふえた。その多くは年老いた者やいたいけな子どもたちであった。川の水はもちろん、もう流す涙も涸《か》れようとしていた。

「やっぱり、ため池じゃ」

平六どんは、かねてからの思いを村人に説いてまわった。

「高良にため池を造れば三十町歩の田んぼが大丈夫じゃ」

村人は気の毒そうに、

「平六どん、あんたの言うことはわかるけど、今まで何回やってみたかえ。どれも失敗じゃ。失敗だけならいい、こん前のときは三人も犠牲が出た」

と言ってうつむいた。五年前も失敗だった。その前もそうだった。ばくだいな費用もかかる。そうとうな人手もかかる。ため池を造るとはいってもたいへんな難事業だ。村人はだれもがその大変さを知っている。もちろん平六どんが知らないわけはない。

平六どんはいつも村のことを考えている。村の人の悲しい顔は見たくない。村の人がいつも笑顔で暮らしてくれることを願っている。一人でも苦しんでいる人がいると平六どんもつらいのだ。村が幸せになるということは、村ぜんたいが豊かになるということだ。そう考えて平六どんは、いろいろなことをやってきた。これと聞き、それと思うものはすべてやってみた。それこそ寝食を忘れてそのことに打ちこんできた。

失敗や成功のくり返しだった。その成果を平六どんは出し惜しみしなかった。いいことは積極的に村人にすすめた。それこそが平六どんの目的だから当たり前のことだが。しだいに年貢を納めても余るだけのものが残り、食生活が豊かになった。みんな平六どんのおかげだった。村人は感謝した。そのよろこぶ顔がうれしかったから、またいっそう品種改良やら技術改良やらに精を出した。

平六どんは自分のことより村や村人の幸せを第一に思っている。もちろん妻も子どももかわいがっている。大事にしているが、村の人たちの笑顔を見るのがたまらない。平六どんにとって、家族と村の人たちとは区別ができない。おんなじくらい好きで大切なのだ。だから、村人たちは尊敬と親しみをこめて平六どん、平六どんと呼んでいた。

しかし、頭の痛いのは水のことである。先人もこのことで苦しみ続けてきた。百姓仕事はお天道さましだい、そう言ってあきらめきれるものではない。なんとかならないものか。そのために用水路を整備した。竜骨車やはねつるべといった揚水具《ようすいぐ》も改良してみた。それでもそれには限度がある。考え落ち着くところは、ため池の造成であった。

「やっぱあ、ため池じゃ。ため池を造りゃ、まだまだ開墾もできる」

平六どんはいつもそのことを考え続けた。明けても暮れても、そのことばっかりだった。日照りの続くこの三年はとくにそうだった。近ごろは家にいてもむずかしい顔をしている。

妻や子どもも心配そうにそんな平六どんを見守っている。妻は働きもんで、村のやくめ（夫役）でもけっして男に負けない。男まさりだが心根はやさしい。平六どんは、親しみをこめて

「嬶《かか》どん嬶どん」と呼んでいる。子どもは今年十歳になったばかりの男の子が一人いる。この地方では男の子を「ぼん」、女の子を「びい」とか「びこ」とよんでいる。だから平六どんも嬶どんも「ぼん、ぼん」と呼んでいた。この時分にこんなことばは似合わないが、家族は愛し合い信頼し合っていた。遅くに生まれた子どもがいっそう夫婦の間を濃《こま》やかにした。この夫婦の偉いところは、思いやりを家庭の中だけに閉じ込めなかったことである。外にも向けた。村の人たちをおんなじくらい愛した。村人を思う気持ちは嬶どんも平六どんにひけをとらない。

しかし、近ごろの平六どんの心はちっとも内を向いていなかった。嬶どんやぼんはそっちのけだった。

村の立派な先覚者であり、指導者である平六どんには、それなりのすばらしい家族が当然あったにちがいない。愛する妻がおり子どもがいたはずだ。だからこそ、平六どんも心おきなく仕事ができた。村のこと、村人のことを考えることができたのだと思う。

「おごめん」

と入って来てからもうずいぶんになる。

「ちょいとのう、平六どんはまだお参りかえ」

寄り合い仲間で一番気安くしている茂作が上がりがまちに腰をかけて、貧乏ゆすりをしている。

「へえ、すんません。もうすぐ終わります」

嬶どんは気の毒そうにそう言った。チンチンチーン。ひときわ大きな鉦《かね》の音をひびかせて平六どんは板の間にやってきた。

「平六どん、いつも熱心じゃなあ。拍手《かしわで》打って神さまに、そのあとこんどは仏さま。朝晩お参りを欠かさんというが、なんかいいことがあるかえ」

待たされた腹いせもあって、なかば突っかかるようにそう言った。

「やあ、茂作さん待たせてすんません。なんのお参りをしたって、いいことがあるわけじゃない」

「そうじゃろう。朝の半刻《はんとき》草刈りに行きゃ一畝《せ》も刈りあぐる。夕方そのくらいの時間がありゃ畑も打ってあとじまいもできるぞ」

「ほんとにそうじゃなあ。しかしわしのはくせじゃから、どうにもならん。朝晩そうせにゃ気持ちが悪いんじゃ。生まれたときから爺さと婆さ、ちょっと大きくなってからはふた親とずうっとそうしてきたからなあ」

「そんなもんかえ。ところで平六どん、こんな話を聞いたが。ため池を造るには人柱を立てるがいいと」

「ほう、どこで聞いたね」

「いやその、この前両子の初午《はつうま》さまに参ったとき、わざわざ播磨《はりま》のはてからお参りの夫婦づれがそう言うのじゃ」

平六どんもそういう話は知っている。橋やお城を建てるときもそうするということを聞いている。考えないこともなかった。しかし、それは恐ろしいことだった。思い浮かんでは首を振り考え及んでは体をふるわせて打ち消してきたことだった。

「あそこのガキもとうとう死んでしもうた。痩せこけて、かわいそうなもんじゃった。年寄りも食うものがないから、いこ、ろ（頑張り力《ぢから》）がない。カマドの煙よりも威勢のいいのが線香の煙じゃ」

茂作はそう言って立ち上がり、

「平六どん、本気でその人柱というのを考えんといけんのじゃないかえ」

と言って帰っていった。

領主の田原のお館様が、母君のために近ごろ建立された泉福寺はすぐそばだった。朝夕となえる雲水たちの読経の声も耳をすませば聞こえてくる。七堂伽藍《がらん》だけではなく御前様もたいそう立派な方だと聞いている。徳をしたい悟りを求めてたちまち全国から数百人の雲水たちが集まって修行に励んでいるという。なんでもただ座ればいいという坐禅宗とか。新しもの見たさではないが、平六どんの足はいつのまにか泉福寺の山門に向かっていた。

大小の自然石を巧みに組み合わせた美しい石段をおそるおそる上がる。ワラにもすがる思いだった。しかし僧堂の修行僧はこんもりまるい座布団を示して、ただ、

「坐りなさい」

と、言うだけだった。

何回か山門をくぐるうちに、ときおり御前様の話を聞くこともできた。野良仕事をすませてからの参禅は夜になる。お茶をいただいて帰るころはかなり月も傾いている。いつもなら蛙《かえる》の声がうるさいころなのにさびしい夜更けだった。

人柱に立つ。ほんとうにそんなことができるのだろうか。実は国東町内の富来《とみく》にも、お城を建てたときに人柱に立ったという話が残っている。あるいは、日本各地にそういう話が伝えられていると思う。学校で使う国語辞典にさえも「むかし、橋、城、土手などの難工事のときに、完成のためにいけにえとして、生きた人間を埋めたこと。また、埋められた人」と載っている。殿様の命令で絶対服従の家臣や領民が、泣く泣く人柱に立つ。あるいはなんらかの罪や罰としてそうさせられた。という話なら理解できなくもない。しかし、進んで犠牲になることのでき

る人がいるだろうか。生きたまま砂をかぶり石をのせられることができようか。私がもしその身になったら、そう思うだけでも私はこわい。

ずっと気になっていたことであった。しかし無意識に遠ざけていたともいえる。平六どんが人柱に立った。進んで立った。その二つとも真実であるか、あるいはそうでないか。それを見極めてしまうことはとてもおそろしい。平六どんは、進んで、人柱に立った。村人のだれもがそう信じている。自分もそう思い込もう。あるいはあれは伝説だ、そう思おう。もし、もしも命ぜられて、あるいは身代わりにさせられて、だったらとても平静ではいられない。そういう気持ちからだったと思う。聞き耳を立てなければ大人たちの話が聞こえなかったのも。声高にしゃべれる内容ではない。

平六どんは村の先覚者、指導者であったとまでは言わない人もいる。名主はたびたび堤が切れるのを心痛していた。もはや、神の怒りを鎮めるには人柱しかないと考えていた。同じように考えていた平六どんは名主の思いを知ってみずから願い出た、というのである。いや、全然ちがう。ほんとうは……、という人も無くはない。いずれが真実か、時のかなたに茫漠《ぼうばく》として判じがたい。

いずれにしても、これほどの大事件。夜を徹しての話し合いが続けられた、と想像するのは難くない。いわゆる寄り合いである。横手村の寄り合いは、鎮守の社で行われる。高良の谷と行入ダムに抜ける谷との分かれ目あたりに横手神社はある。子どものころの神社は大きく、杉の大木も鬱蒼としていた。今は建て替えられ、社殿も小振りになった。大木もなく、田んぼのなかに影を作ることもない明るい神社になっている。

今日は寄り合い。平六どんはとうとうこう切り出した。

「人柱を立てよう」

寄り合い衆はどよめいた。しかし、かねてからこのことを思いあぐねていた名主の吉助は、我が意を得たりとばかりに、こう引き継いだ。

「じつはわしも、そのことをずっと思い続けていた。こう何度も堤が切れ、この前は三人の犠牲者まで出したということは、尋常のことではない。神さまが怒っているとしか思えん」

村人のどよめきはおさまらない。人間を生きたまま埋めようというのである。聞いたことはある。では、だれが、その人柱になるのか。

「平六どん、人殺しをしようということかなあ」

「人殺しではない。水神さまに捧げるんじゃ」

茂作が助け船をだした。

「生け贄ということか」

「水神さまの生け贄は女か子どもじゃないと怒ると、聞いたことがあるが」

おそろしい提案を受けて、村人は神社の板間や境内の杉の木の下に散らばった。地縁の者どうしが三人五人、あるいは十人二十人とうずくまる。異常な興奮のなかで、あるいはさざめき、ときに声を張りあげる。呼び集められ、また散らばって話し込む。口が裂けても「あの人がいい」とは言えない。言えるはずもない。

吉助は村人を見わたしながら、

「やっぱり、そういうことじゃ。ではだれがその人柱になるか、ということだ」

と、要点に入った。

「神宮寺の和尚さんと行入寺《ぎょうにゅうじ》の和尚さんに護摩を焚いてご祈禱してもろうて、その上さらにありがてえお経を百回も千回も書いてもろうち、それを埋めるというのはどうじゃろう」

「じゃあじゃあ、そりがいい。わしら字は書けんが、下書きをしてくれれば、それをなぞってなんぼでも書く」

「うん、わしも書く」

「わしもじゃ」

村人は肝心な点は避けて提案しなっとくした。

吉助は眉を寄せながら、

「ありがたい法華経一万部を納経して願をかける、ということはわしも聞いて知っている。そうすればたいがいの願掛けはかなうということじゃ。しかし、人柱の代わりにそうして願が通じたという話は聞いたことがない」

と村人をがっかりさせるようなことを言った。

「それならお経の代わりに、石仏か木彫りの仏さまに代わってもらうというのはどうじゃろうか」

おおかたの村人よりも少し世間の広い吉助は、

「他国の山口池ではワラ人形を身代わりに立てたところ、水神さまは腹を立てて、その後村はひでえ目に遭うた。人間の代わりに仏さまに身代わりになってもろうて、その仏さまに石や土をかぶせるというのは、それこそバチかぶりじゃ。どんなことが起こるかしれん」

そう言うと、いかにも自分に神罰が下るかのようにかぶりをふった。寄り合い衆は吉助の物知りに感心しながらもことの重大さを思い知らされて、うめきともためいきともつかぬ声をもらして黙りこくってしまった。

寄り合いは時間がかかる。話が行ったり戻ったりする。しかし、村のみんながなっとくするのに必要ならばとだれも気にしない。徹底的に話し合う。それでもたいがいの話は三日三晩も話せばかたがついた。が、こんどの寄り合いばかりはそうはいかなかった。家から腹の足しになるものを持って来させる。それを食べながら話を続ける。夜になっても続ける。ある者はその場に寝込み、ある者たちは夜を徹して話した。四回目の夜明けをむかえ、五回目の夜のとばりが神社をおおった。とんでもないことが今話し合われている。家に残る女や年寄りたちも勘づいて村中がしんと静まりかえっている。

沈黙が続いた。人間を生きたまま埋めようというのである。しかも、顔見知りの村の者のだれかをである。あまりに恐ろしいことである。自分の家からでるかもしれない。いやそう考えている自分かもしれない。沈黙の重さにたえかねたかのように、平六どんが口を開いた。

「しかし、これまでこのため池でもう何人も死んでいる。この前は工事中だったが、その前の大水で流されたときは、二家族も死んだ。人柱に立つというのも考えてみりゃいっしょのことじゃ。覚悟のうえか突然の災難かの違いだけじゃ。ため池のために死ぬということじゃ変わりはねえ」

平六どんはさらに続けた。

「人柱に立ってこの後、災難が起こらんようになれば、その人たちの供養にもなる」

しばらく考えて村人はこう言った。

「そうすると、平六どん、こういうことかえ。今まで亡くなった人にとって一番供養になる人が立てばいいということじゃな」

それは平六どんが考えていることとはまったく別の方向だった。しかし、いったんことばになって耳に刻まれたものは、もう消せない。どんどん耳の奥に沈みこんでいくばかりで、村人はもうウンウンとうなずきはじめた。平六どんが言ったことだから、村人にはいっそう説得力があった。平六どんがいくらうち消しても、もうこれしかない絶対の答えのように思われるのだった。平六どんは立ち上がり、

「いや、そうじゃない。わたしが、その人柱……」

おそらく、一回や二回では決まらなかった。何回も、同じような寄り合いがもたれた。弱い私にはそうとしか思えない。先延ばし先延ばしにして、またうやむやのまま終わらせてしまう。そうして、今日の食い扶持《ぶち》をまた、嘆いているにちがいない。私だったらそうする。

帝釈天のお堂はしずかである。静かというより、山道はきついし森閑としすぎている。私も、だれもいないだろうと思って上がったお堂に、先客を発見してドキッとしたことがある。幸い顔見知りでしばらくすると落ち着いたが、やはりお堂の辺りはぞくっとする。しかし、こんなところだから、安心して帝釈さまとお話ができる、と、その人は言ったが、私もそう思う。遠慮も構えもここでは不要だ。裸の自分になって、仏さまに泣いたり甘えたり、すがったり教えてもらったりすることができる。ふだんは挨拶を交わすぐらいのその人とも、そこではすんな

りと心を通わせることができた。

嫄どんはおそらく夫はそこにいる、と疑うことなく出かけた。半里ほど上って入った高良の集落を抜けるとまもなく、段々畑のあぜくろにその入り口はある。小昼のゴザを敷けば、見えなくなってしまうほどの小さい畑だが、夫が苦労して開いたものだ。

参道の乱積みの石段をのぼる。まだ日の高いうちに出てきたのに半刻歩いてついた鬱蒼とした参道にはもう日差しはなかった。この前に平六どんとお参りしたときは段々畑にはノジスミレ、アザミのつぼみが赤い花をのぞかせていた。竹林をすぎた鳥居近くにはシャガの白い花も咲いて、思わずきれいと足を止めた嫄どんであった。今は花を愛でる心の余裕はない。石段をのぼるころには足を運ぶことと平六どんのことで夢中になった。

欅の大木が岩肌にへばりついている。わずかな土をもとめて大岩を取り巻いている巨根はまるで大蛇のよう。生きて呼吸をしている大蛇の巣窟《そうくつ》を見るようである。何本も何本も複雑にからみつき張りついている根は空中に伸びた幹より長くて太い。嫄どんはぞくっと身震いしてお堂のほうを見上げた。

平六どんはもうずいぶん長いこと、帝釈天と向かい合っている。横には仁聞菩薩の石像もある。二体が並立している。といっても仁聞菩薩は座っている。平六どんも大岩にへばりついている巨根を見ながらのぼってきた。まるで村人のようだ、と思った。わずかな田んぼにへばりついて、後はお天道さまのお心しだい。しかし、人間は違うとも思った。人間には知恵がある。工夫もある。そうであるはずなのに、あのため池の前にはなすすべもない。神さまのお怒りか。なおまだ生け贄がほしいとおっしゃるのか。それが神の意志ならそうもしよう。では、だれが？

いつしか、平六どんは、二体の石像と語りはじめた。

弱い人間を犠牲にすべきではないだろう。弱い人間ほど守らねばなるまい。年寄りと子どもはいうまでもない。体が弱い者、心がもろくて弱い者、そのどちらもはずされるべきだ。なぜなら彼らは、もうこれまでに十分すぎるほどにいじめられ、おののき、恐怖にうちふるえてきているから。だから、毎年春と秋、きちんと帝釈天のお祭りを行なってきた。阿弥陀堂にもお参りしてきた。氏神さまのお祭りもしている。お地蔵さんに、お不動さま、ありとあらゆるすがれるものにすがっているではないか。ではわたしは強いのか。強くはない。弱い、ほんとに弱い。しかしほんとうに強い人間がこの世におるのだろうか。

はじめはお祈りでありお願いであった。今は必死に尋ね、答えを求めようとしている。

「帝釈さま、仁聞さま。あなたがたは、もうどれだけの人を見たかしれない。強い人間がいましたか」

すると石像が石像でなくなった。大きな鼻がふくらみ、太い眉がぴくっと動いたようだった。そして帝釈さまはほほ笑み、仁聞さまは口をきゅっと結んだ。ほんとうに困っている人のもとに神仏は近づいてくる、というのは真実だった。

呼吸を乱して、ようやく嬶どんはお堂に着いた。日は西に傾きはじめて、鳥居の辺りはうす暗かったのに、頂上ふきんはちょうど残照が木漏れ日となってお堂を照らしていた。嬶どんはギクリとした。そこにいるはずの夫はいなかった。帝釈さまと仁聞さまと、二人に向かい合っているもう一人の仏さまの三人がいるだけだった。二人は西日を正面からあびていっそうくっきりと陰影をつくっている。もう一人の仏さまの後ろ姿には残照が後光のように輝いている。ようやくそれが夫の平六どんであることに気がついた。

嬶どんはすべてを合点した。はげしい胸の高鳴りを圧し鎮めようとするがおさまらない。こらえきれずにこう切りだした。

「わたしもいっしょにお供をします」

仏さまはふり向いた。

「あなたは死ぬ気でございましょう」

ようよう嬶どんは言えた。

平六どんは、どきりとした。平六どんには信じられないことばだった。自分だけが村のことを心配していると思っていた。そしてそのことに没頭していた。嬶どんのことなど考えてもみなかった。それが、嬶どんも自分と同じことを悩んでいる。なんとのろまなことであったか。しかし、それはできない。

「お前にはぼんの面倒を見てもらわにゃならん」

「ぼんもいっしょです」

「それはいかん。ぼんにはせいいっぱい長生きをして幸せに暮らしてもらう。そう二人で念じたじゃないか」

嬶どんはことばにつまった。こみあげる思いはあふれるのだが、それがことばにならない。

「わしは、村のため、人のためと思うてこれまでがんばってきた。もちろんお前たちのことも思わぬ日はなかった。わしの知っちょるかぎりの知識も、技術も村人に与えてきた。憂いや悩みの一つでも無くなればと心をくだき相談にものった。少しばかりの暮らしの糧にとお米やお金も施した。泉福寺の御前様は、人間は自分のためだけに生きてはならんとおっしゃった。人のために生きよ。人のためにすべてを与え尽くしきるのが立派な人間じゃ。それが菩薩さまの生き方じゃとおっしゃった。わしはこれまでの生き方をまっとうしたい。このわしの一身が役立つのなら安いことじゃ。よろこんで村人のために捧げよう。それができなきゃ、これまでわしのしてきたことは嘘になる。親切ごかしのおためごかし、偽善者ということになる。御前様は、こうも言いなさった。最高の布施は捨身じゃ、と」

「でも、あなたが、あなたがその身を捨てなくても」

と嬶どんはすがった
「それが仏の教えなら、そういうお坊さんが。仏の道を修行するお坊さんが、捨てれば……」

嬶どんはそううめいてくずおれた。

「バチあたりなことを言うな。人にはそれぞれ分《ぶん》があり道があろうが。お坊さんは迷える衆生やおののく凡夫のために法を説き、祈り、弔いもする。責任をもって与えられた仕事を果たすのが人の道じゃと思う。わしはため池の必要性を説いてまわった。わしがいちばん適格じゃ。人柱に立つのはわしの責任なんじゃ。村の者の身代わりとか、男気からでもない。今はほんとうにこう思うている。わしの身でいいかのう。ありがとう、わしの身を使うてもろうて、となあ。

わしは死にはせん。ぼんが大きくなって、嫁御をもろうて。その子が大きうなって、また、嫁御をもろうて。そんときも、わしはしっかり堤を支えてやる。わしは、そうしてずうっと生き続けるんじゃ」

後ろ姿を見たときから分かっていたことだが、平六どんにはもういっさいの迷いはなかった。

帝釈天王堂

ほんとうの仏さまのように悟りきっていた。いつしか残照も消えてお互いの顔が見えにくくなった。嬶どんはそれを幸いに大粒の涙をボロボロこぼし声を殺して泣いた。代わりにヒグラシがはげしく声をあげて鳴いてくれた。

人柱は平六どんに決まった。そして、人柱を立てる日は七月十三日と決まった。

蝉が鳴いている。「ツクツク　ウィッショー　ツクヅク　イッショー」つくつくぼうしが時々あわれな声をだす。とりわけ今朝は夜明け前から蟬の声がかまびすしい。白装束に身をかためた父を見て、ぼんははしゃいでいる。

「お父、今日はお祭りかえ。うれしいなあ」

朝から赤飯をもろうて、ぼんはお祭りと信じて疑わない。水さかずきにとわざわざ汲んでき

た、走り水観音の清水も三人でいただいた。平六どんはぼんに、好物のイヌビワの熟れた実を握らせながら、

「嬶どんを頼むぞ」

と言い、嬶どんには、

「ぼんを頼んだぞ」

とだけ言って家を出た。

村人は、どうして平六どんがと歯ぎしりし、あたりを震わす蟬の合唱よりも激しく泣いた。竹三や千吉も顔をクシャクシャにしている。

「平六どんのおかげで米も食えた。うどんも食えた」

この世の生き地獄に平六どんは仏さまだった。やっとそれに気がついた村人は合掌した。平六どんはやがて、村人が手をすり足をすりして見守るなかで、鈴《りん》をふりながら石びつの中に入った。
三七、二十一日間。鈴は鳴って止んだ。それから村人は泣く泣く砂をかけ石をかけて埋めた。私はなんどもそう聞かされた。そして、私もやっぱり平六どんは進んで人柱に立ったんだと思った。

平六どんがいったように、平六どんはその後何百年も生き続けている。平六どんは、ほんとに生き地獄に仏さまだった。平六どんのように生きた人、生きている人のことを菩薩さまというのだそうだ。私も菩薩とか仏さまは、お寺やお堂で拝む御像のことばかり思っていたが、そうではない。如来や仏陀というのも最高に完成された、やはり人間のことだという。六波羅蜜というのがある。菩薩が如来になろうとしてする六つの修行のことである。平六どんは、その布施行を身をもって実践した人だった。人に何かを与えたり、何かをしてあげるときは「すみません、させていただきます。と謝りながらやらにゃいけん」と、村の敬老会で教えてもらったことがある。ハッとさせられたが難しいことである。

しかし、平六どんはそういう気持ちで櫃《ひっ》に入った。

だれしも、よりよく生きたい、せっかくのいのち、少しは世のため人のためにと思う。しかし、天人のごとく安らかにと思いながら、地獄の苦しみを味わう人もいる。人のためと思ってすることが、かえって迷惑だったり傷つけたりする。人の世は思いどおりにならない。思うに、人生とは修行の連続なのかもしれない。修行の場は禅堂やお山だけではなく、娑婆世界そのものがそうではないのか。今、この時をいちずに生きる。自分のためだけでなく、みんなといっしょになかよく生きる。それが一番たっとい修行なのではないか。

村人は平六どんの池祭りを今に欠かさない。忘れる人もなかろうが、あえて石碑を建てて心の深くに刻んでいる。平六どんの布施を感謝して受け取っている。その気持ちを何百年も失わず持ち続けている。これも考えてみればすごい修行だと思う。

平成十三年は西暦二〇〇一年になる。ホーヤク祭はいつものように旧暦六月十七日に行われた。新暦で八月六日の暑い日だった。今年は別府や大分市などからのとびいり参加もあってにぎわった。陰陽の団子作りのあいだ笑いはたえることはなかった。ずうっとそうしてきたし、これからもそうするだろう。平六どんの池祭りも当たり前のように続けられるだろう。祭りを通じて心をつなげていくことだろう。

なごやかに敬虔《けいけん》に、自然のめぐみと先人のおかげさまに感謝する。そして、今をともに生きる人たちとのつながりを大切にする。村里の生活にはそれがある。みんながお互いを思いやって生きている。よろこびや悲しみを分かち合っている。村の豊かさとはこういうことをいうのかもしれない。

しかし、これは目の前の山や川のように昔からそうして在るものではない。時には自分を殺して、みんなで守っていこうという強い意志が要るのではないか。村里の生活は地に足をつけている。寄り添って暮らしている。それゆえに生まれる窮屈やいさかいもある。しかし、そこで暮らす者は逃れられない。先祖の土地を離れることはできない。だから折り合ってゆく。そうしなければ子孫に田畑山林を譲ることはできない。だったらあきらめ観念して、ではない。

お互いを、お互いの墳墓の地を大事にしていこう。すすんで思いやりを分け合っていこう。自分にできることで村のために貢献しようと思うのである。平六どんはそういう大切なものを守るために殉じた。

古里にそんな先人をもっていることは誇りである。人間の奥深さたのもしさ、可能性を信じさせてくれてありがたい。祭りの帰り道わたしは独り善がりの自分を思った。

お堂の供養踊りはまだ続いている。口説き唄は遠くに聞くと哀しい調べを帯びる。見上げると立ち待ちの月が平六どんの池を照らしている。赤い月だった。あらためて見わたした池の面はあいかわらず深くてしずかだった。

無伝尼公の夢

泉福寺（子育観音）

こんな田舎にどうして、というほどの大きなお寺がある。泉福寺《せんぷくじ》だ。平六どんの池から一キロ半ほど下ったところにある。宇佐八幡の化身といわれる仁聞菩薩《にんもんぼさつ》が六郷満山をお開きになったのが養老二年（七一八）。泉福寺が建てられたのが永和元年（一三七五）、南北朝のころだから国東では比較的新しい。かつては九州の総本山として常住五百人の雲水が修行に励んだ曹洞宗の名刹である。

二つの道路に分断されているが、旧い参道は反対側の山裾まで延びている。当時の威勢をそのまま今に残す泉福寺だが、門前も境内も静かなものである。両脇に民家はあるが観光店は一軒もない。広い境内もしんとして雲水の姿は見えない。参道をのぼると「蹴上《けあ》げの石段」がまず目に入る。自然石の組み合わせが巧みで美しい。一度崩したら二度と元には戻らないという。江戸時代のものといわれるが、見事なだけでなく雑草一本生えていない。境内のすみずみまで掃除がいきとどいている。箒《ほうき》の目もあざやかな庭砂利はいかにも禅寺らしい。開山堂や仏殿は国指定重要文化財だが、ただ旧いものを誇っているのではない。広く新しい石段の頂にそびえ

泉福寺仏殿

る本堂は平成に新築落慶されたものである。
　これほどの大伽藍がたった二人で護られている。しかもそれが、米寿が近い住職夫妻であることを知って旅人は二度おどろく。そして、それを護持する檀家さんが七十戸と聞いて三嘆する。格式の高いこの寺の住職は本山特派である。入山のころはすでに古稀《こき》、しかしこれもご縁と、黙々と草をむしっている。広い境内を散策するうちにしだいに日常の尺度が失われていくだろう。かくまでの老夫婦の道心堅固、お檀家の信心の篤《あつ》さ、そして旅人は、あらためて国東の奥深さを思い知らされるはずである。
　本堂の上棟式は盛大であった。モチまきに村人はこぞって集まった。小学生もその日は早引けでやってきた。カバンいっぱいに詰め込んで意気揚々と引き上げていく子どもたちを、老人たちは目をほそめて見送ったものだ。お寺と村里の生活はそれほどとけ合っている。

檀家はもちろん、奇特な清掃奉仕はたえることがない。それは個人であったり、団体であったり。炎暑の夏であったり、粉雪の舞う冬であったり、泉福寺はみんなで守っていくもの、里人はそう心得ている。たいせつな心の家郷《かきょう》なのだ。

開基は無伝尼公《むでんにこう》だ。豊後の歴史上の人物としてもっとも有名なのは、キリシタン大名大友宗麟であろう。その大友氏と拮抗《きっこう》し、一時はその勢力をもしのいだ豪族が田原氏である。田原氏は中世の国東半島を四百年にわたって領有した。そのなかで最も勢力が盛んであったのが、五代目氏能《うじよし》である。無伝尼公はその母になる。二人は戦国乱世のまっただ中を生きた。六道、六波羅蜜でいえば修羅、忍辱《にんにく》の生涯であったといえよう。無伝尼公は、正しくは無伝仁公と称する。しかし、無伝尼ではおろそかだし、無伝仁公では固すぎる。そこで、以降、無伝尼公と呼ばせてもらう。

国東には分からないことが多い。多くが神秘というか、理解を超えている。仁聞菩薩が一人で満山を開かれたのも、平六どんが人柱に立ったのも人間わざではない。この世の者の為せることではない。しかし、二人は神や仏のような人であったと信じる人には納得がいく。信じない人にはたんなる伝説であり、架空の人物にすぎない。

しかし、田原氏能は歴史上の人物である。無伝尼公もまぎれもなくこの地に生きた。おそらく、かつての国東のだれよりもはげしく命を燃やし、胸かきむしって生きたといってよい。なのに分からない。戦乱修羅の世界と、静謐《せいひつ》な仏の世界はあまりにそぐわない。お寺を求める心はいったいどこにあったのか。想像できなくもない。武士に自力坐禅の宗風は合っている。武運長久の祈りの場がほしかった。そして、戦うものにこそ無心の境地が必要であったろう。が、それだけのために仏堂像塔が必要だったのか。私にはもう一つ合点がいかないのである。

田原氏四百年の夢の跡は半島各地に残っている。なかでも中心舞台であったこの国東町には多い。根城の飯塚城、亀城址、そして、安国寺、定林院《じょうりんいん》、吉木の九重塔、永照寺といった寺院や供養塔が田深平野から横手のあたり一帯に集中する。そしてなんといっても泉福寺の七堂伽藍である。無伝尼公が息子氏能にたのんで建立した。しかしそれも私には分からない。どうして、これほどの大伽藍でなければならなかったのか。無伝尼公ひとりが祈るには方丈の間一つもあれば十分だと思うのだが。

郷土史家の研究成果がある。今も「史談会」は定例の研究会を怠らない。元町長さんは現役時代、政務のかたわら郷土史研究を続けた。そしてその成果を「国東武将物語」として町報に連載した。紙魚《しみ》をとり蜘蛛を払い、あるいはヤブを薙《な》ぎ蚊を逐《お》ってようようたどりついた史実。そういう方々の辛苦のたまものを拝借して、私は空想を広げるだけ。申し訳ない思いでいっぱいだ。幸い寺には縁起も残っている。私は無伝尼公をたずねた。

無伝尼公は、光厳天皇の皇女とされる。しかし、どうも年代的に無理があるような気がする。

だからといって、泉福寺や無伝尼公の価値がいささかも減じるわけではない。国東は国の先、国の果て。京は二条辺りのやんごとなきお方のそんな地へのお下りにはわけがある。無伝尼公が輿入《こしい》れしたのは戦乱の世であった。一天に両帝が並び立つ、いわゆる南北朝時代のことである。後醍醐天皇と足利尊氏が争う京の町は阿鼻叫喚《あびきょうかん》の地獄であった。燃えさかる炎の広がりは逆に洛中の人々の心をずんずんと漆黒の闇に閉ざしていった。人がつくり出す天変地異に人は巻き込まれもみくちゃにされた。そんな動乱が生みだした一組の夫婦であった。

嫁入りしたころの館はまだ田原荘にあった。田原とは今も地名が残っているが、現在の大田村（その後合併して杵築市）。半島の首というか、耳の辺りになる。

「このお方を夫と思い定めたからには、この方に従《つ》いていくしかない」

狭い瀬戸内海も、無伝にとっては茫漠《ぼうばく》たる不安の大海であった。暗夜の航路をみちびいてくれる灯は夫しかいない。今はかすかな光しか放たない道しるべだが、それにすがっていくしかない。きっぱりとではない、小さな胸をふるわせて幾夜も逡巡《しゅんじゅん》してやっとたどりついた女の道であった。

鎮西の国東は仏の里といわれる。それがもう一つの澪標《みおつくし》だった。海の果ての見えもやらぬ国の先に嫁ぐ不安も、そこが仏の里といわれていることが一縷《いちる》の望みだった。無伝はいつとはなしに仏の世界に親しんでいた。はるかな都落ちもそこが仏の里であることを知ってかすかに救われたような気がした。戦乱の巷《ちまた》をのがれて静謐な浄土に旅立つような気もした。じつはそれが長いこと無意識に求め続けてきた無伝の夢であったような気さえした。

港から田原の荘はさらに陸路数里の長旅だった。陸路は山道である。そこは周囲を山にかこまれた盆地だった。京もそうであるが、田原の荘とはスケールがちがう。ここは、里山というほうが当たっている低山がすぐ目の前にせまっている。そして、いかにも静かである。というよりは京に比べるといかにも寂しすぎた。その寂しい山里がごったがえした。数日におよぶ祝宴が張られた。その間入れ替わり立ち替わり身内や家臣のものが、京からの花嫁をまぶしそうにながめながら田原家のすばらしさを語ってゆく。

「わが田原家は宗家大友氏とは昵懇《じっこん》、いや清和源氏の血をおなじくする一統にござる」

「いや、ご存じであろう。宗家大友初代の能直殿の父君はあの源頼朝殿。田原の初代泰広様はその能直殿のご末子であらせられるから、おそれ多くも鎌倉殿のお孫様に当たられる名門にござる。そうそう能直殿の母君も泰広様の母君も京のお方であった」

京からの花嫁とあらば京のことはなんでも知っているであろうと思い込んでの話しぶりには無伝はとまどうばかりであった。口角泡をとばしていかにも無邪気に自慢する顔にみな、人の良さがにじみ出ているのが救いといえばすくいだったが。

「だから、関東御分国としたこの豊後の守護職にわが子を命じたのは、わかるであろ。頼朝殿は鎌倉幕府の命運を担ってわれらがご先祖を派遣されたのじゃ。下り衆はみごとその任を果たされた。大友宗家だけではない。在地の武士を圧《おさ》えてこの九州を治めているのはみな鎌倉御家人ばかりじゃ」

「なかでも、この田原は宗家大友の懐刀として大車輪の活躍じゃ。直貞殿、貞広殿の武勇は天帝にまで聞こえておる。そなたもご存じであろ」

と言われて無伝はとまどった。もちろん知らなかったが、自分の夫となる人ははたして田原の貞広殿であったなとあらためて確認した。次々と知らない人から知らない名前を聞かされてこんがらがってしまった。

「田原の初代はご苦労なさった」

これにには多くを語らなかったが、大友の初代も田原の初代もいずれも正室の子ではない。京の白拍子を母にもつ田原の初代は、だから冷遇された。大友一族といっしょに下向しながら、領地も与えられなかった。この田原荘になんとか手づるを得て入部、田原姓を名乗った。あちこち軋轢《あつれき》を残しながらのしあがってきた有力者、というのが真相らしい。

「今はしかし、田原も日の出の勢いじゃ」

四囲を山でとりかこまれた山里から、半島の目に当たる部分、国東の地に進出し宗家大友氏をもしのぐ一大勢力を築こうとしていた。その、飛ぶ鳥を落とす勢いの田原家の花嫁がさらに箔をつけた。京はやんごとなきお方ということであったから静かな山里の人々が初めて知る大祝言となったのである。

あらためて言うなら、田原家四代目当主、田原貞広の嫁にとはるばる京から海路での輿入れであった。数日に及んだ祝儀の喧騒《けんそう》がおさまり、人に酔ってしまった無伝は館の前栽《せんざい》に心をなぐさめようとした。しかし、そこには大好きなヤブツバキの花はなかった。

夫となる人にそれとなく尋ねてみた。

「武門のお屋敷のお庭にはなんぞおきまりなどがおありなのですか」

「侍の屋敷に花は似合わん。すべてに質素を旨とすべしじゃ。とくにツバキは……」

どこからか梅の香りを運んでいるのに、芯に冷たさをふくむ風が屋敷にただよってくる。南国とはいえ国東の寒は厳しい。それきり無伝はヤブツバキのことは口にしなかった。

はるかな鎮西への輿入れもそこが仏の里といわれていることが救いのはずだった。しかし、思い定めてようよう従いてきた仏の里もけっして浮世の外にあるものではなかった。京における南北朝の動乱は、そっくりそのまま九州においてもくり広げられていた。九州の戦乱と国東は密着している。九州と中央政権の争いも不離のものであった。だから国東と京の争いも無縁ではない。そうではない。足利尊氏の室町幕府の創建に国東武士は大きく貢献した。国東武士とは田原のような鎌倉の御家人や、土着の武士すなわち都甲《とごう》氏、伊美《いみ》氏などを含めていう。地つきの武士との相克はあったが、当世流行の下り衆大友氏に席捲され今は大方がその旗下《きか》に投じていた。「日本の歴史をつくったのは国東武士だ」。そういう気概があった。それほど京と国東は一体だった。史実によると、田原家の四代目、五代目がもっとも激動の時代で、この戦乱で田原は大きく伸し上がっている。

浄土への旅立ちとまでおもってきた仏の里の現実を知って無伝尼公はさびしかったにちがいない。もはや頼るものは二世を誓ったお方以外にはない、そう思ったはずだ。しかし、実はもうお一方いらっしゃった。仏さまである。無伝尼公の室の厨子《ずし》の中には小さな青銅の地蔵菩薩の御像が納められている。道中も田原の館でも御像はいつも無伝尼公のそばを離れたことはなかった。

輿入れの儀式がとどこおりなく済むと、いつしかわが夫とよりもお地蔵さまとの対話のほうが多くなっていた。夫婦の間が冷めたからではない。貞広はこれ以上ないほどの愛情と尊敬を無伝尼公にそそいだ。まさに大きな厨子に入れて朝夕拝まんばかりであった。なのに、なぜ。夫は戦場をかけめぐっていたからである。国東武士はもっぱら北朝方である。宗家大友のため、尊氏のために田原一族は獅子となって奮迅《ふんじん》した。一時、新田義貞、楠木正成軍に一敗地にまみれ、尊氏が九州に落ち延びたことがあった。清和源氏の血をおなじくする下り衆の結束は固い。尊氏軍が失地回復のときの熟するのを待ったときも、ふたたび海路上洛しついに勝利したのもひとえに下り衆のおかげである。少なくとも下り衆はそう自負している。

夫の貞広はその歴史のすべてにかかわった。それが夫の自慢だった。酔うといきおい話し声は高くなった。

「お屋形様は、二条の御所が焼け落ちたのもご存じですか」

「おお、知らいでか。三日三晩じゃ。京の夜を昼にして燃え続けたわい」

つらくても聞かずにはおられないことだった。そのとき無伝の愛したツバキも思い出もいっしょに燃え尽きてしまった。かろうじて持ち出した地蔵菩薩の厨子であった。

「忘れもせん、正月の十一日じゃ。底冷えの京に一時の暖がとれたわい。将軍が西奔したときも、また、東征したときもいつもわしはお側《そば》近くじゃった」

戦場から帰還してつかの間の夫婦の対話である。従者もしりぞけて、今は無伝手ずからのしなやかな細い手に注がれて、貞広はごきげんである。ようやく近ごろはお酌と話のタイミングがつかめるようになった。少ない二人きりの時間を濃密にとつむぎ出された夫婦の機微であった。

「六月六日、朝露を蹴散らして、叡山攻めの坂本西塔口の合戦のときのことよ。ほれ、父上の左の頬の矢傷は。そして、晦日と七夕明けが再度の洛中大決戦じゃ。吉田河原でわしと弟は二度も先駆けをした。二条河原の合戦では父上がまたも先駆けぞ」

戦場の異常な高ぶりはすべてが鮮明に脳裏にきざまれるのか、正しく刻限まで記憶していた。京の町が焼き払われ、猛火と黒煙に包まれたのはこのときである。おびただしい屍が放つ死臭はむし暑い盆地に充満した。酸鼻をきわめた合戦だった。

耳をおおいたい無伝だが、なつかしい京の地名が出てくる。また、二世を誓ったたった一人の夫が一番気色がいいのがこの話題であったので、また尋ねるのであった。

「では、洛中で父上と夜盗を捕まえたというのは」

「それから二、三年のちのことじゃ。名を聞いただけで六波羅の下役衆さえも怖じ気づいた夜討強盗の大悪人じゃ。それを召し捕った。しかも一味のかしら片瀬三郎左衛門その張本人をじゃ。これには将軍殿もおおいに喜ばれた。さっそく天帝様にもご進言じゃ。あっぱれ鎮西の侍、見事なるぞ国東武士とお褒めのことば。あのときほど面目をほどこしたことはなかった」

あれやこれやの勲功の賞の一つが無伝であった。平静では聞けないはなしだったが、今は夫と思いきめた貞広である。つとめて夫のよろこびはわが喜びと思おうとしているのである。

気がつくと虫の音も止んで、明かり障子がしらじらと夜明けの近いことをしらせていた。

戦乱の血で血を洗う修羅道に生きたのが田原家の領袖《りょうしゅう》たちであった。無伝尼公はその妻であり、母であった。おそらく、無伝尼公の祈りも夫や子どもたちの武運長久であったと思う。しかし、私はある日、母の心というものを知った。それを知って、無伝尼公の祈りが少しだけ分かったような気がした。そして、このような大伽藍でなければならなかった理由も。

第二次世界大戦が終わって四十九年目、その年は私の村でも五十回忌が断然多かった。お檀家の総代さんの御長兄も「戦死」であった。命日は八月二十二日。享年二十三。海軍上等飛行兵曹。予科練修生の教員だった。教え子の少年たちが次々に特攻で出撃するのを見るに忍びず、みずからも特攻を志願した。

五月に一時帰休した。お別れにである。そのときのことを総代さんと妹さんは昨日のようにはっきり覚えている。

「五月四日に兄貴は帰ってきた。その日はいい天気だった。家の前のレンゲ畑に長いこと大の字になっていた。近所の人があいさつにきた。母はレンゲ畑とあいさつのとき以外は、兄貴にまとわりついて話していた。泊まらなかった。泊まると行けなくなるからじゃろう。障子に筆で大きく『咲くもよし　散るも亦よし　桜花……』といっきに書いた」

近所の人とは幼なじみの青年団員だ。それもほとんどが女性ばかり。働き盛りの男たちは戦場にかり出されていた。その彼女たちに母は「ゆっくり話していきよ」ともてなしたそうだ。

二度と取り戻すことのできない千金の重たい時間。その刻々の時の流れをどんな思いで過ごしたのだろう。ようやく航空隊に送り出して後もどう表現したらいいのだろう、母はじりじり、悶々として何の知らせもなく終戦の十五日を迎えた。しかし、

「戦争が終わっても生きていた兄貴は、敵艦ではなく古里の山に体当たりして自爆した。それを知っても母は涙を見せなかった。気が強く病気したこともない。いつも朝早く起きて夜遅くまで、とにかく働き手じゃった。涙は見せなかった。が、それを聞いて三カ月間寝込んだ」

帰らぬ人は大の字になって青空に何を見、何を思っていたのだろう。そして、三カ月も寝込んだ母の心はいたましい。この母の心はいつの世も変わることはないだろう。

田原の里の季節の移り変わりは手に取るように分かる。田原の領民の生活もよく分かる。それほど山も田んぼも目の前にあった。人々が日々の営みにもらすよろこびやかなしみの声もすぐ耳元で聞こえた。栗の花の匂いも館までとどく。白髭《しらひげ》神社の笙《しょう》の音《ね》も、どぶろくの匂いもワラの匂いとともにただよってくる。そういうふうに時が流れて無伝は田原の里で母になった。

腰も砕けんばかりの痛みとひきかえに分身を産み落としたとき、無伝の身体中の熱いものがキューンと鼻の奥にあつまって両の目から流れておちた。一族の期待に応え得た安心とわが身の分身を得たよろこびとからであった。母になったよろこびは何ものにも代えがたかった。産《さん》

褥《じょく》のなかでこうしていつまでも太郎丸を抱いていたいと思った。

そんなわが子を抱きしめる幸せを感じたいがためか、無伝は次々と四人の男子を出生した。

しかし、夫は親子の対面をすませるとわが子を抱いてやる暇もなく戦場へと出かけていった。

「お家のためだ。田原一族の繁栄はこの戦いを征する以外にはない」

出陣のたびにそう言った。無伝も分からないではない。戦功をあげるたびに領土は拡大した。

「おそれ多くも田原も足利将軍家も清和源氏の正統の血筋、室町幕府安泰は源家の誉れ。ご先祖のおよろこびも格別ならん」

これも貞広の口癖だった。

こう言われて無伝は祈るよりほかなかった。武運長久を厨子の菩薩にひたすら祈った。

「どうぞ、夫が義父上がご無事でお手柄をあげますように」

山笑い夏が行き、山装い冬が来て、氷柱が溶けてまた春が来て、そうして月日が流れて太郎丸も大きくなった。武家に生まれた宿命どおり、元服して氏貞と名を改めた太郎丸も戦場へ出ることになってしまった。無伝はいっそう祈った。

「どうぞ、ご無事で。生きて帰ってきて」

微妙に祈りのことばが違っていた。「手柄を」ということばはいつしか消えた。「生きて、無事で」ということばがすがるように胸からあふれ出る無伝であった。しかし、懼《おそ》れていることが起こってしまった。

　後醍醐天皇もみまかり、中央では北朝が有利のうちに推移していたのに、九州は南朝方が優勢だった。南軍の中心は、肥後の菊池軍である。南北両軍は筑後は針摺原《はりすりばる》で激突した。長子氏貞が父とともにこの戦いに出征していた。義父直貞の勲功により尊氏から国東郷を賜り、飯塚城がその威容をはじめて国東の地に見せたのはつい先年のことである。ますます足利将軍家に忠節を尽くさんものと、張り切っていた。何かこの恩義に報いんものと勇み立っていた。そのときのことである。

「子息以下の討ち死に感じおぼえ候。また老体にして忠をいたす条、めでたく、感じおぼえ候。なおもなおも忠をいたすべし」

　天下の大将軍足利尊氏からの見舞い文を手にして義父は肩をふるわして男泣きに泣いた。無伝は恐るべきものがついに来たと思った。武家のうちに嫁ぐときから覚悟していたことだった。「武士はいかに死ぬかが問題だ。犬死にだけはしたくない」とはいつも聞かされていた。天下人から直々の見舞い状をもらった夫の討ち死には、だから犬死にではない。死んで花実を咲かせた、というべきであろう。しかし、無伝には耐えられなかった。今生どころか後の世までを頼みとしていた夫と長子の戦死である。

「先に蓮のうてなの半分を明けて待っているぞ」

しおれる無伝にこう言って笑って出かけた夫のことばが真実になってしまった。覚悟はしていた。しかし覚悟ほど当てにならないものはない。覚悟は予測であり現実ではない。実際に体験してみなくては分からない。真っ暗である。さびしい、どころではない。全身が恐怖であり、無念であり、怒りであった。氏貞のことを思うと身もちぎれんばかりであった。激しい痛みとひきかえにはじめてわが子を抱いたときの幸せは忘れることができない。見知らぬ他国で初めて得た文字どおりの分身であった。妻として嫁として田原に地位を得たという安心よりも、一心に愛情をそそげる対象を得たというよろこびのほうが強かった。国東田原の将来よりもわが子の成長のほうが数倍うれしくて最大の関心事であった。そんなわが子を抱いてもやれず、異国の寒空に父といっしょとはいえ黄泉の国に旅立たせたことがつらかった。

女とは未練なものである。この目でむくろを確かめたわけではない。夫に限って、太郎丸に限って、死ぬはずがない。間違いだ、そう思った。次々に入る知らせはしかしそれを確証するものばかりだった。夫に従った多くの国東武士も死んだ。夫の指揮下にあった豊後の名だたる武将も討ち死にした。北朝軍の完敗であった。

飯塚城からは北西の吉木台地に石造九重塔を造立したのは追善供養のためである。夫貞広と長子氏貞親子の菩提はもちろんである。朝な夕な無伝は針摺原の合戦で戦死した家臣、そして従軍の国東武士の霊をなぐさめた。

「どうぞ安らかに。そして、田原をお守りください」

もちろん、飯塚城に運ばれた厨子の地蔵菩薩にも拝んだ。

「お味方の武運長久でありますように。敵方から命をお守りくださいますように」

それを見るお従きの者も、ついこうべを垂れ手を合わせてしまうほどの無伝の深い祈りであった。無伝はそのとき続けて祈っていた。人を殺《あや》め傷つけて、しかも母を残して先立った息子はきっと地獄の入り口にいる。お地蔵さま、お救いくださいと必死に祈っていた。

国東の飯塚城は周囲を湿田にかこまれた丘陵地にある。吹きくる風は潮の香りをのせている。流す涙の味に似ていた。悲しみは日ごとに薄れてはくれなかった。反対に厨子の前に座ることが日増しになった。城の東向かいの台地にある祈願所の興導寺《こうどうじ》にも桜八幡社にもお参りした。くるおしい日々であった。頭の線が切れたようであった。考えることができなかった。人はそれを放心したようにと言った。今は剃髪していっそう仏の道に親しむ無伝尼公であった。あの世の父と子の魂の安らかなることを願った。そして、この世のことを祈った。

「貞広殿、太郎丸や。徳増丸、福寿丸、四郎丸を見守って。地蔵菩薩さまお護りください」

残された子たちの健やかなることを願った。ただすこやかなることを願った。立派に成長してくれとは祈れなかった。今のままの子どもたちでいてほしかった。いつまでも羽の中に温めてやっていたかった。しかし、とうとうというか、またもやというべきか。無伝が恐れていたその日はやってきた。

徳増丸の初陣は元服の翌年だった。今は九州北朝の期待を一身に集めた田原五代目氏能《うじよし》である。祖父の直貞は、見ることのまだ珍しかった月代《さかやき》をみずから剃ってやり、

「じいがついている。安心してはたらけ。そちの父も魂のすわった武士じゃった。兄の氏貞も堂々とした武者ぶりじゃった。父も兄も見守ってくれておるぞ」

そう言って孫の初陣を喜んだ。

「ありがとうございます。きっと父や兄に負けないように戦ってきます」

と紅潮した頰に興奮を表して応える氏能であった。さらに、

「母上を頼んだぞ」

弟たちに面倒を頼んでいる。そして、やってきた。

「母上、行ってまいります。お家のこと、弟たちをよろしくお願いします」

と、頭を下げた。いちばん自分似の氏能であった。色白の顔に剃り上げた月代が青々と、緑の黒髪の生えぎわが鮮やかであった。一番やさしい子でもあった。まともに見ることができなかった。唇がふるえた。下を向いたままだとこぼれ落ちそうだったので、顔を上げるとポロポロとあふれ出てしまった。

「……無事に、無事であっておくれ」

ようよう言えた。

初陣に血気さかんな若武者は、

「おじじ上に約束しました。父上と兄上に恥じぬよう、田原のために命を惜しまず戦ってきます」

「死んではなりません！」

はじめて聞く母の大声に、徳増丸はたじろいだ。目をまろめ、肩を落とし、うなだれた。今は母にしかられた幼な子になって、蚊の鳴くようなか細い声で、

「……けっして、犬死にだけはいたしません」

「死んではなりません。犬死にも、名誉の死も、死んだらいっしょです。生きて帰りなさい」

無伝の目は腫《は》れていた。昨夜は一睡もしていない。初陣のわが子にせめてもと手ずから下着を縫い上げたのであった。晒《さら》し木綿の一針ひと針ごとに徳増丸とのことがあざやかに思い出された。とともに太郎丸のことも思い出された。二度とつらい思いはしたくなかった。無事で、無事で、と一針ごとに心を込めて縫い上げた。太郎丸といっしょに行けない。いっしょに死ねなかった無念さを忘れることはできない。都から国東に、父から夫にと、住む所頼る人を移し替え、新しい家臣にかしずかれ、太郎丸を産んで、徳増丸を産んで、自分の意志とは別に翻弄されて夢中で過ごした。気がつけば今またわが子を戦場に送ろうとしている。せめて下着に思

いを込めて徳増丸を抱きしめてやりたいという母親の妄執がこもった肌襦袢《はだじゅばん》であった。興導寺と桜八幡さまのお護り札もしっかり縫いこんだ。あれもしよう。これもしたい。その後も悶々転々として眠れなかった。気がつけば一番鶏が鳴いて朝だった。

無伝の悲しみは徳増丸の元服、出陣だけではない。福寿丸の出家得度が時を同じくして行われた。嫡子は一人でよい。舅《しゅうと》はそう考えて出家させた。舅は戦乱の世にその才覚を発揮する武人であった。才知も剛勇も戦乱の巷でこそ二倍にも三倍にも発揮されるというタイプだった。深謀遠慮する軍略策士であり、先駆けをし血刀を振りまわす実践家であった。また、人の運までも自分が取り込んでしまうような武運にも恵まれたもののふであった。夫が長子が戦場の露と化したのに、今も老いてますます盛んな舅をみるとうらめしくなる。尊氏も宗家大友も一目も二目も置く老将である。その舅が富国強兵は嫡子単独相続に限る、というのである。

相次いでもぎ取られるように愛児を手放さなければならない無伝の心はつらかった。しかし、福寿丸の出家は一つの安心でもあった。それは、戦乱の巷に巻き込まずにすむという親心である。

氏能は九州を駆けめぐった。獅子奮迅《ししふんじん》の活躍であった。このころは下り衆も一枚岩というわけにはいかなくなっていた。中央において尊氏親子、尊氏兄弟が入り乱れて憎みあうのだから、それに巻き込まれる九州の戦いの構図も単純ではない。複雑怪奇に離合集散がくり返され、ときに同盟関係が中央と九州で逆転するということもあった。

いまやその尊氏も崩じ、足利幕府は三代目義満の時代となった。祖父直貞も今は亡い。九州では南朝軍の勢力は圧倒的であり、北朝軍はいまや風前の灯火である。天然の要塞高崎城を擁す豊後大友氏がからくも北軍の旗印を守っているにすぎなかった。

いよいよ南北両軍、因縁、興廃の一戦が始まる。氏能は慎重に秘策を練った。それは、まず南朝軍を高崎城に集中させる。そのすきに南朝軍の背後を分断し、海路からの一軍と三方から本拠大宰府を落とそうという遠大な戦略であった。その成否の鍵をにぎるのが高崎城である。

ついにそれは決行された。高崎山は標高六三〇メートルたらずの小山である。別府湾からみると断崖絶壁のいただきに立つ山城は狭く、籠城軍はせいぜい数百人。糧道を断てばすぐにでも陥落できたはずである。それが、わずかの海岸にもびっしりと埋めつくす南朝の大軍を相手に五カ月、およそ一五〇日間も籠城できたというのは驚異的なことである。合戦百余度といい負傷者も多かったが、みごと国東武士はそれをやってのけた。

その間、計画どおり本隊は豊前と肥前から態勢をととのえ挟み撃ちにして北朝軍の勝利であった。これが転機であった。紆余曲折はあったが、以後南朝軍は凋落《ちょうらく》の一途をたどった。

氏能は、九州北朝を最後の勝利者とするのに大きな功績を残した。その功を認められて九州探題代理に命じられた。恩賞の領地は九州北部六国二十五荘におよんだ。国東の飯塚城がいつしか九州の飯塚城となり、田原家はじめての叙位任官、すなわち従五位下下野守に任ぜられた。完全に大友宗家との力関係は逆転し、国東田原の全盛期を築いたのである。

まがりなりに九州に静謐のときが流れた。しばらくぶりに氏能は国東の飯塚城に鎧《よろい》を脱いで戦塵を洗いおとした。

「母上、ご機嫌うるわしゅうてなによりです」

「氏能、戦《いくさ》はしばらくないのであろ」

「油断した者が負けです。敵の首をかき切るか、かき切られるか。二つに一つしかないのです。乱世に生まれ合わせた者の宿命です。逃れることはできません。父と兄の仇、南朝軍を九州から殲滅《せんめつ》するまでは終わりません。それは足利将軍家のおんため、ひいては源家一統に忠誠を尽くすことでもあります。大義名分のために氏能は死のうと思います」

「死なせるために母はおまえを産んだのではない」

「人間はいずれは死にます。死ぬために生きているといってもいいと思います。それはみんないっしょです。ならば、いかに死ぬか。犬死にはしたくありません。田原のため、足利将軍家のために捨てる命は惜しくありません」

「田原のため、将軍家のためとはどういうことか。人を殺めて領土を増やすことか。人は死ぬために生きているというが、殺されたいと思うて生きておるか。長らえてこそありがたい命ではないか。貞広殿や太郎丸に先立たれてもうすぐ二十七年忌、しかし一日とて涙のかわいた日はありません。九重塔を毎朝毎日拝んでいるが、つろうてならぬ。お地蔵さまにお祈りしているが心配でならぬ。あまたのご家来衆にも母がおり子がおろう。その嘆きは瀬戸内の海の深さも及ぶまい。日照りに涸れる川はあってもかなしみに流す涙が涸れることはあるまい」

「母上のおやさしい気持ちはよくわかります。しかし、争いを止めることは不可能です。せめて、母上を悲しませないようこの命いたわります」

戦場からもどってくるたびに鬼神を背負うわが子が不憫《ふびん》でこわかった。昔のやさしい一面がまだ残っていることに無伝は少し安心した。

「ところで、氏能、お願いがござる。無著《むちゃく》禅師のため、お寺を開いてくださらぬか」

「無著禅師とは?」

「禅宗のえらいお坊さまです。大隅の生まれとか」

「禅宗といえば、宗家はすでに十刹に列せられるほどの万寿寺《まんじゅじ》を開いております。さらにお寺が必要ですか。して、禅宗と申してもいったい何宗の坊主ですか」

「曹洞宗です。修行を積んだお方です。今、神宮寺にご逗留《とうりゅう》願っています。禅師の話を聞くとしみじみと心が洗われます」

「神宮寺とは、六郷満山天台宗の名刹。しかも満山寺院は元寇以来鎌倉幕府祈禱所としての格式を誇る由緒ある寺々ばかりぞ。新興の禅宗坊主を招いてお寺を開創してなんの争いも起こりませぬか」

「お悟りを開いた方に争いということばはありませぬ。もとはといえばお釈迦さまの教え、人を救う立場のお坊さまが争うはずはありません。国東に争いは不似合いです。宗家が臨済宗だからそれと張り合おうというのでもありません」

「母上のお心が救われるなら、お願い聞いて進ぜましょう」

と氏能は即諾した。氏能にとっては叙位任官も寺院建立もおなじことだった。領土を拡大して力を握った者があと必要なものは、おのれをそれらしく飾ることだけだった。従五位も要は金であがなった権威であり勲章である。それは周りの武将たちにおのれの財力を誇示することであり、富国強兵を知らしめるものである。寺院建立も領民に信仰の場所を提供することによって安心を与えるとともに、領民に領主はだれかということを認識させるものである。だから寺院は大きければ大きいほどいい。神社仏閣を、しかも壮大なそれを建てたということは、それだけで十分におのれの存在を周知徹底させることになるからである。

　そんな氏能の心は量りかねたが、無伝は息子がすぐに承知してくれたのがうれしかった。

氏能は西向きの風にさそわれて、無伝に同道して神宮寺の山門をくぐった。ほんの気まぐれな氏能であったが、一時は気色ばみ、愕然《がくぜん》とし、悄然《しょうぜん》として師の前を辞した。

帰り道、参道を母と子は歩いた。修験の道場は大嶽山《おたけさん》の中腹にある。女にはかなりきびしい山道であるが、氏能の心を感じていっしょに歩いた。無著禅師との問答にかなり動揺している心が無伝にも手に取るように分かった。

「母上、わたしは大友宗家のため足利将軍家のために働きました。大義名分の一心で、二心も私心もございません。そう、思っていました。大義のために捨ててこそ一身は生きる。そう信じていました」

「この参道をのぼるときまで、そう思っていたのでしょう」

「そうです。しかし、禅師はその大義とは武士としての道理であっても、はたして人として踏み行うべき道かの、とお尋ねになった」

「義臣といい朝敵といっても、しょせんは己に味方するかしないかだけのこと。正義や善はどちらの側にもあらず。いや、どちらの側にもあるのだ。勝者が正義で、敗者が逆賊となるだけだ。恩賞を考えてみるがいい。敗者の土地を勝者に転がしているにすぎぬのでは。そもそも領土は本来だれのもの。天皇家のもの？　将軍家のもの？　額に汗してめぐみを生み出す働く民のものではないのかの、とおっしゃいましたね」

「そうだった。離合集散は利害打算のほかの何ものでもなかった。大義名分などどこにもなかった。ただ憤怒と恥辱のごちゃまぜになった敵愾心《てきがいしん》だけがあった。阿修羅《あしゅら》となって戦ったたる血潮も生々しい首を討ち取って雄叫《おたけ》んだ。阿修羅、闘争してやまぬ者。血なまぐさい戦場しか生きるところを知らない者。それが自分だった。そう、修羅道を生きていただけなんだ。そして、領土が増えていくことだけがご先祖のよろこびであり、自分の生きがいだと思っていた。忠義も大義も要するに恩賞目当て。野望や怒りに醜くふくらんだおのが私心を充たすだけ。なんとおぞましい。しかし、そう認めるしか……」

参道わきの人家にヤブツバキの花が咲いている。禅師から聞いたときは無伝はビックリして少々恥ずかしかった。

「母上、禅師がおっしゃっていた花です。すべすべした白い樹幹。こんもりとした緑の葉陰にひっそりと咲く風情。なるほど母上に似ている。いかにも国東武士を支える女の謙虚さそのものです。しかも、謙虚でいながらあれほど凛《りん》と赤い命を燃やしている。母上、近う寄ってごらんなさいませ。ほんとうに一枝に一輪の花です。きちんと分《ぶん》を守って咲いていています」

近づくと意外に花の数は多かった。身を隠してひそやかにつつましく咲くところが母に似ている。しかししっかりと強く咲いているところが似ていると氏能は思った。黄色い花芯と赤い花弁の色彩もあざやかである。しかも、他を侵さず他と争わず、先分かれした一枝に一輪ずつの花をなにげなく懸命に咲かしているところが、母の生きざまにそっくりだと思った。

思えば、田原の繁栄の一半は留守を守った母にある。家臣の心を一つにしてくれたのも、国東武士が田原に命をあずけてくれたのも、母のおかげであった。耳さとく領内の老人の病を見舞い、赤子の誕生を祝うのに身軽だった。けっして出しゃばるのではない。風のように蝶のように、ごく自然に他人のためにすることをよろこびとする母だった。


それから間もなく無著禅師を開山として泉福寺が建立された。七堂伽藍が整った大禅道場である。落慶法要は桜吹雪のなかで行われた。百畳敷きの法堂は天井もはるか見上げるばかりの大伽藍である。落慶したうれしさと安心の中に無伝は祈った。わが夫と子どもの冥福を祈った。しかし、今の無伝の祈りはそれだけではすまない。ご家来衆の死も数えきれないほどである。そして、あまたの合戦で山野にさらされた敵味方の累々たる屍《しかばね》。

「……ああ、なんと恐ろしい。罪深いことでしょう。それもこれも田原の指図で散らした命。なんと償えばいいのでしょう」

この大伽藍でも戦場に消えた亡霊たちは入りきれないのでは、と無伝は心配した。ひらひらと散る桜の花びらの一枚一枚が、侍たちの命のように思えた。無伝は許しを乞うた。すみません、すみませんとひたすら許しを乞うた。

氏能は飯塚城西に田原家先祖の菩提をなぐさめるために、定林院を開いた。無伝は泉福寺参詣の途中休憩所として小さな庵《いおり》をさらに息子にねだった。すでに、無著禅師を師と決めた息子である。快諾した。泉福寺とおなじ山腹をわずかに東に下ったところにそれは建てられた。月桂庵と称した。禅師のもとに足しげく参禅した。そして、寺東の庵でしずかに祈った。厨子の地蔵菩薩も遷座されてある。思えば無伝の生涯は祈りの連続であったように思う。

しかし、祈っても祈っても、祈りに限りはなく、安心もなかった。はじめは自分や田原のことを祈った。夫や子どものことを祈った。そして、戦場に散った家臣や敵味方の霊のために祈らずにはおられなかった。さらになんのために祈れというのであろうか。

無伝はその庭にヤブツバキを植えてもらった。それが念願だった。心の奥にずっとしまい込んできた夢だった。平和な山里に花が咲いてうれしかった。しかし、小躍りするほどではなかった。京の生活はもうはるかな昔の、夢のような世界でしかない。我慢も忍従も、いやよろこびすらもすべてが茫漠として夢のようである。現実感がない。あれほどの不安と恐怖も、無念の慟哭《どうこく》もなにか他人ごとのように思える。はたして私は生きてきたのだろうか。私はまだ生きていていいのだろうか、と無伝は思った。

月桂庵の濡れ縁に腰かけながら無伝尼公は夢を見ていた。

幼い太郎丸と徳増丸が競争しながら長い石段を上っている。二人の顔は参道の紅葉よりいっそう赤くほてっている。夫と無伝の間にぶらさがっている四郎丸が、

「父上、母上。急いで、急いで」

とねだっている。

そこは国東六郷山の一谷を上りつめた名刹である。南溟《なんめい》和尚を訪ねて親子水入らずの遠出であった。修行を積んだ和尚の高徳ぶりはつとに有名である。小さな山門をくぐった。右手に柴垣があって、鹿《しし》おどしの澄んだ音が聞こえる。柴扉を開けると小さな庵があった。名刹というのにそこが法堂と庫裏がいっしょになった方丈の間であった。どういうわけか参詣者の姿も見えない。案内を請うまでもなく、すでに南溟和尚がお茶とお菓子を用意して待っていた。

和尚は顔中でにこにこ笑っている。

「まあ、福寿丸。元気だったかい」

「はい、おかげさまで。母上も、父上も、兄上も、四郎丸もみんなお元気で、なによりですね」

「おまえに会いにきたんだよ。みんな帰ってきたんだよ」

夫の貞広と長男氏貞はやはり、針摺原の合戦のことを話した。氏能は田原一族の経営や叙位叙官のことを話した。話しているのは太郎丸や徳増丸のころの二人であった。南溟和尚の福寿丸はこれまでの仏道修行について話した。四郎丸も負けずに高崎城の合戦を語った。

金烏山永照寺

秋の日はやっぱりつるべ落としだった。笑ったり泣いたり、腹を立てたり、同情したり。夢中で話してあっという間に時は過ぎてゆく。話の尽きない夫や子どもたちを等分に見やりながら、無伝はうれしかった。幸せというものを実感した。これが幸せだと思った。

田原に嫁いでからのこれまでは、だれもが手にしたことのない隆盛と発展の一途だった。しかし、いかなる成功も家族の不幸は償えないと思った。田原家、田原一族の繁栄も自分の幸せとは無縁だと思った。命を長らえること。他愛もなくしゃべり合えること。お茶がおいしいこと。紅葉がきれいなこと。今という一時ひとときの一つひとつがありがたいことだった。それが幸せというものだったことに無伝ははじめて気がついた。

戦乱修羅の世に幸せはあり得ない。そのために祈ろう、この世からいくさが無くなるまで祈り続けよう。無伝は心の底からそう思った。そして、安心した。

年もつまった一日、泉福寺を訪ねた。作務衣に頭をタオルでつつんで年越し準備に忙しい御前様の姿があった。かつて私は臆面もなく聞いたことがある。「いかなるか、これ仏法」。御前様は、「横手川の水の流れに聞け」とおっしゃられた。平和に流れていく村里の生活にも、いまだ戦争の傷をひきずって生きている人がいた。今になってしみじみと、いい教えをいただいたと感謝している。

無伝尼公の休憩所、月桂庵は今は金《きん》烏《う》山《ざん》永《よう》照《しょう》寺《じ》という。もちろんご本尊は地蔵菩薩である。その永照寺の裏山に、それはそれはひっそりと無伝尼公の墓はある。が、訪れる人はない。小学校と隣接している。元気な子どもたちの唱声《うたごえ》を、しかし無伝尼公は今も目を細めて聴いている。「泉福寺《でら》の鐘を聞き　手に手をとって　睦まじく」とその校歌にはある。小さな小さな学校だ。今年の卒業生は六名。過疎がはげしい村だが、小学校の灯を消しては相済まない。平和の灯と子どもたちの歓声と笑顔を消しては申しわけない。運動場の法面《のりめん》に「一村一心」と白く大きく刻んだ岩石があるからすぐ分かる。立ち寄って一声かけてくれたら、きっと子どもたちも無伝尼公もよろこんでくれると思う。

半造が淵

熊野磨崖仏（大日如来）

国東探訪のメインは、富貴寺《ふきじ》、真木大堂であり、熊野の磨崖仏であろう。富貴寺の大堂は九州最古の木造建築物であり、真木大堂には藤原時代の仏像九体が安置されている。いずれも国宝や国指定の重要文化財である。国東には珍しく、門前に売店もある。それらは、半島の北の玄関口豊後高田市の、田染《たしぶ》にある。市内にあるといっても、「市内」を都市感覚でイメージすると大変なことになる。やはり、陸の孤島を意識して国東には入り込むべきだ。国東は千年の時をいまだ眠り続けていると思ったほうが、なにかと戸惑わなくていい。

「昭和の町」として有名な市街地から富貴寺、真木大堂、熊野をつなぐ路線バスはお昼に三便しかない。タクシーを利用すると効率的だ。しかしそれはいやだ、という人はやっぱり歩かねばなるまい。半島のあちこちにホテルや旅館、そして民宿と宿泊施設はいろいろある。そこを根城にゆっくり歩きまわる。それが国東のリズムに一番合ったやり方かもしれない。田染は荘園集落の跡を残す中世の水田・農村景観を今に伝えるムラとしても有名である。国の重要文化的景観にも指定された。散策やサイクリングのコースが整備されている。

田染の他にも国東の各所に、ウォーキングや自転車のための道が設けられている。トレッキングコースもある。気軽な山歩きトレッキングといっても国東のそれは、やはりいかにも国東らしい。半島の中央部、両子山周辺の山岳地帯を巡るのだが、これは修験の道でもある。だから、岩場がある。お寺がある。両子寺境内にトレッキングセンターがあるので立ち寄ることをすすめる。半島の立体模型があって仏の里が一目瞭然だ。

人に倦んで、仏さまに会いたくなってやってくる人がいる。反対に人恋しくなって、人の心に触れたくなってやってくる人もいる。私の生まれて育った国東は、そのどちらの願望もかなえてくれる。身びいきでなく、そう思う。そのために千年も眠り続けているのだ。

ほんとうに困っている人のもとには、目を覚まして仏さまたちのほうから近づいてくれる。仏さまと対話した後は、ホテルの個室でもう一度ゆっくり反芻《はんすう》するのがいい。人のぬくもりがほしければ旅館や民宿がいい。ユースホステルもある。そのどちらも、という人にも国東は応えてくれる。

お寺に泊まらせてくれる。もちろん食事も。つまり、お寺の民宿だ。真木大堂の近くに、「民話の宿」と看板したお寺の民宿があった。

私もお邪魔したことがある。夏の日だった。いったん荷物を置いて付近を歩いた。まだ日が高かった。真木大堂を起点に、穴井戸観音、朝日観音、夕日観音をめぐって再び宿に戻った。

朝日観音、夕日観音は絶壁の岩場にある。その名のとおり、朝日観音は朝日をあびる。夕日観音は夕日をあびて立つ。厚くはない岩に背中合わせしてござっているのだ。汗びっしょりかいて登ったので、まず日陰の朝日観音のほうにお参りした。岩窟の霊場だから広くはない。四、五人も座ればあぶれてしまう。これで十分だ。団体で来るようなところではない。一人で観音さまとお話しするのが似合っている。汗もひいたので夕日観音のほうにまわった。里が見える。小崎《おさき》地区である。さまざまに美しい曲線をえがく荘園の青田風がそよいで、いかにも静かだ。

ふっと、思った。こんな険しいここは修験の霊場だ。しかし、この観音さまは里人のものではなかったかと。朝まだきに祈り、一日の仕事を終えて感謝する。そして、日々の営みのなかで、拝まずにはいられない苦しみやよろこびがあったのではないか。それは今も変わりなくある。それが証拠に、まだみずみずしい花が供えられている。奉経布もそよいでいる。しずかな風が、かすかに祈りの香のにおいを乗せてくる。暮らしと祈りの原風景がそこにはあった。

日も落ちて宿に戻った。今夜の泊まりは私一人だった。がっかりしたような、うれしいような中途半端な気分だった。

国東の人たちは、昔話、伝説、笑い話、世間話とたくさんの話を伝えている。私もいろんな話を聞かされた。聞かされたというよりも話を聞くのが楽しみだった。お祭りのときとか農作業や山仕事が暇なときに話してくれた。炉端で聞くのがやっぱり一番だった。チロチロと燃える赤い火のせいだろうか。ドキドキしながら話にひきずりこまれたものだ。

国東では農作業中でも語られた。七島藺《しちとうい》の繁忙期によく語られた。地元でいうシットウイとは畳表にする原材料だ。植え付けから筵《むしろ》に織り上げるまですべて農家の手による。イグサに似ているがそれとは違う。かつては県内で広く栽培されていた。今では日本で唯一安岐町に生産農家が残るのみである。当地で栽培されるようになったのは古く江戸時代のこと。そのころの国東六郷は杵築藩や天領、あるいは他国の領と小藩に分立していた。やがて七島藺は換金作物として農家はおろか小さな藩の財政を潤すまでになる。「備後表」に張り合って、特産「豊後表」として大坂表にさかんに船積みされたという。子どものころ、シットウと呼び親しんだ、あの新しい畳のにおいはなんともいえない。癒しの香であり、かぐわしい古里のにおいである。

暑い盛りの七島藺の作業はいきおい早朝から夜なべになる。ビンビン、ビィーンと小気味よい七島を割く音が話にリズムをつけた。話には、賢い子に育つようにと生きる知恵が込められていた。しかし、それだけではない。生活の必需品だった。農作業は骨がおれる。子どもは多い。が、ご飯時分にきちんと食わせてやる暇もない。みんなで愚図《ぐず》りだしたら仕事もはかどらない。おとなしくさせるために、話して聞かせたのだ。

そのころ、夜はほんとに真っ暗やみだった。キツネに鼻先をつままれても分かないくらいに。六郷二十八谷は両子の山から海岸にのびた山嶺《さんれい》で分かれている。隣の谷に行くのも海岸まで出たら大廻りになる。近道はやっぱり山越えが一番だ。しかし、山道はケモノ道と見まごうほどの細道だった。だから人間もケモノもときどき自分たちの道をまちがえた。

二十八谷の山野にはさまざまな生きものたちが住んでいる。いわゆる人間も畜生もみんないっしょに住んでいた。仲良う、というわけにはいかないが、喧嘩しながらもうまい具合に住み分けていた。人間も動物もみんななにかの生まれ変わり、元々はおんなじいのちを生きているると子どもは信じていた。大きな木も石も小さな花もみんな霊が宿っていると思うから、動物の話も山や田んぼの話もわがことのように夢中になってしまう。キツネが人間のことばを話してもちっとも不思議とは思わない。話に聞いた大木の前では手を合わせて通ったものだ。

和尚さんは、やっぱりいろんな話を知っていた。そして話し上手だった。思わずつり込まれてしまう。私はすっかり子どものころの私だった。

＊　＊

国東んモンなら、仁聞菩薩さまを知らんといけん。

養老年間という、とおいとおい昔じゃ。夢みたいな時代のことじゃ。

そのころなあ、仁聞菩薩さまという、宇佐のほうから国東半島にかけて、山の中に入っては荒行しなさる、里に下っては寺をお建てになる、岩や木材に向かっては仏さまを刻む、村の人に会うと仏の道を説いて、病人がおると病気を治すという、たいそう人々から崇められている、尊い方がござったんじゃ。

仁聞菩薩さまは、田染の蕗村《ふきむら》の長葉山に、とてつもなく大きい、榧《かや》の老大木があるということをお聞きになったんじゃ。さっそく行ってみると、木の高さは九七〇丈（約二九六〇メートル）。根もとの大きさは二畝（二アール）もある。その木の影は一里半（六キロメートル）もあって、朝日がのぼると、隣村の塔御堂まで達した。夕日がさすと、田原の釜割まで及んだということじゃ。そんな木じゃからのう。たった一本で、大きな大きな森をつくって、山の王様みたいにあったんじゃ。

仁聞菩薩さまは、この榧の木を見ると、すっかりほれてしもうてのう。この世じゃみんなが幸せで暮らすように、あの世じゃ極楽に行けるようにと、この木で仏さまを刻んで、蕗村にお堂も建てようと、誓いをたてられたんじゃ。それから、仁聞菩薩さまは腕利きの木こりを雇うて、その榧の木を伐ろうとしたんじゃ。なにぶん、ひと通りやふた通りの並みの木と違うて、大木じゃからのう。一日や二日で伐り倒すことができんのじゃ。木こりは、朝早うから夕方遅うまで斧をふるっては励んだ。おかしなことには、のう。次の朝行ってみると、きのう一日、あんなに汗を流して伐った斧の傷痕《きずあと》が跡形もなくなって、緑の葉を朝日に輝かしておるんじゃよ。木こりは、またその日一日中伐って、次の朝行ってみると、やっぱり前の日とおんなじようにし、斧の伐り傷の跡もなく、もとのまんまじゃ。

木こりは、のう。不思議なことじゃと思いながらも、ありがてえ仁聞菩薩さまの申しつけじゃから、いつかは伐り倒すことができるだろうと信じて、のう。なん日もおんなじことをくり返し続けたんじゃ。

ある夜のこつじゃ。椢の老大木の前に、へ、、、、くそかずらがやっちきち、

「このたびは、とんだお難儀に遭うて、お気の毒なことでございます」

と頭を下げたんじゃ。ところが、椢の木は、

「おまえのような奴から、つべこべ同情されんでもいい。なんのこの俺が、木こりなんかに伐られてたまるもんか」

と大声で叫《おら》んだんじゃとよ。

へくそかずらは、伐られる椢の木をなぐさめようと声をかけたのに、せっかくの好意はふみにじられた上に、どなられたもんだから、たまったもんじゃねえ。平素から山のもんにも人間からも、クサいうえにカズラでありながらすぐ切れてしまうから、ものの用にも立たんと馬鹿にされ、のけ者にされてるから、ムラッムラッと、腹が立ってきたんじゃな。

「たとえ山の王様でん、つまらん奴と、わしを馬鹿にしちょると、わしの一言でお前の命をとることだってできるんじゃ。いまにみちょれ」と胸の中で言いながら、木こりの小屋に飛んでいった。眠っている木こりをゆり起こして、

富貴寺大堂

「お前さんは毎日ごくろうなことをしてるな。あの榧の木を伐るのに、おんなじことをくり返しちょるが、あれじゃいつまでたっても、伐り倒すことはできんぞ。伐り倒すには、毎日帰るとき、伐ってできた木の屑のこけらを、その日のうちに焼いてしまえ。そうすると、十数日のうちに伐り倒すことができるぞ」

と教えてやった。

木こりは次の日から、言われたとおり、その日にできたこけらを燃やして帰った。次の朝行ってみると、へくそかずらが言うたように、榧の木はきのうの斧で伐られたまんまの、大きな傷口をあけてるんじゃ。それから十数日たっち、さすがの老大木も伐り倒されてしもうたんじゃと。

こうしてやっとこさ伐り倒した榧の木で建てたのが、富貴寺の大堂じゃ。そこには、阿弥陀如来を刻んで安置したちゅうこっちゃな。なんちゅうてん大きな木じゃから、その余り木で真木大堂も建てたんじゃと。

＊　＊

「アンタなあ、あんたはタヌキにだまされたことがあるかえ。武蔵の吉広によう出る。十五の歳に大工になったちゅう棟梁もだまされた一人じゃ」

＊　＊

吉広というところに、西光寺を建てに行きよったときのことじゃ。その仕事帰りの山道でやられた。山の辻に着くとずっと細い道だったのがとつじょ立派な御殿のような家が立っちょる。大工のわしの目から見てもそりゃあたいした普請じゃ。家の坪に入って「おごめん、おごめん」と何回も言うけど返事もねえ。おかしいなあと思うて、そん時はもう馬鹿になっちょんじゃなあ。返事もないから、

「すまんが憩《よこ》わせてもらうで」

とことわって、戸口でたばこを呑うだ。そりからしばらく経ったときに、スーッと醒めたようにあった。

見ればあんた、むかしのごろた（丸太）の割れ木を山のごつ積み上げた根もとに座っちょる。

あたりはいちめんの藪の中じゃ。御殿と思うたのは割れ木の山だったんじゃなあ。たばこを呑んだのがよかったようにある。たばこを呑まんかったら、そのままだまされ続けち、もっとひどい目に遭うちょったかも知れん。

＊　＊

「タヌキにだまさるるなんち、作り話と思うちょるかもしれんが、ありゃ本当じゃ。あん棟梁が言うんじゃからまちがいねえ。おんなじタヌキじゃろう。武蔵の吉広から麻田へ越す山に、だますのがおった。村では、夕方になって山越えをするもんはだれもおらんかった。だまされた話が村中に広がったからじゃ。あの山で、タヌキにだまされると、家に帰る道がわからんごつなっちしもう、と言うてな。

夜道を歩きまわってろくなこつはねえ。ネオンの街でもそうじゃ。あんたも早う帰らにゃ、夜の銀ギツネにだまさるるんでえ」

和尚さんは、そう言って笑わせた。夜の町ではなく、山道でしかも車に乗っていてタヌキかキツネのせいとしか思えない不思議な目に遭った。そういう話を今でも聞くことがあるから、私にも作り話とは思えない。

＊　＊

ある時な、急な用事でどうしても山を越さねばならんようになった。もう日も傾きはじめたころじゃから、だれも行き手がなくて、困ってしまった。「だれか行く人はいないか、どこか行く人はおらんか」と、さがしまわっていたところが、おったおった。元気のいい若《わけ》えもんが、「わしが行こう。途中でタヌキに出合うたら反対に、わしがだましてやる」と意気込んで、暮れかかった山道に入って行ったんじゃと。しばらく歩くが、みんながいうタヌキは出そうにない。

「なあーんか。大きな大騒動するが、なんちゅうことはないじゃねえか」

独りごとを言い言い山を下りかけた。ところが、隣村のお葬式の行列に出合うたとたん、急にあたりが暗くなり、夕立になった。あわててキョロキョロしながら小走りしていると、恰好なお堂があってとびこんだ。

雨はいよいよはげしくなってくる。お葬式の人たちもそのお堂に入ってきた。その一行が入ってしまうかしまわぬころ、耳をつんざく大きな音と、目もくらむような強い光といっしょに雷さまが落ちてきた。お葬式の人たちは、びっくりしてしまいお堂から一目散に逃げていってしもうた。

若えもんは、雷さまが落ちたとたん気を失ってしもうて、お堂の中に倒れちょった。ハッと気がついたときは、もう外はすっかり晴れてキラキラとお日さまが照っちょる。

「ああ、今の雷は大きかったのう」

つぶやきながら顔を上げて、おどろいた。目の前に葬式のお棺がそのまんまじゃ。そのお棺から白い着物を着た死人が、ぞろぞろとはい出てくるではないか。若えもんはたまがっちしもうて、

「助けてくれ！」

と、大声でさけんだ。ところが死人はたちまちタヌキになって、

「どうかえ、やっぱタヌキにゃかなわんじゃろ。あんなにいばって出ちきたが」

と、言うたんと。から元気をだした若えもんじゃったが、頭をかきかき山を下りていったということじゃ。

＊　＊

「若えもんは元気がいいのう、そりが取り柄じゃ。失敗を重ねちだんだん人間が大きくなっちいくんじゃ。真玉の村には、人を化かすのが上手なキツネがおる。知っちょるかえ」

＊　＊

人をだまして困るということを聞いた男が「そんなこつがあるもんか。俺が正体をあばいてみせる」と、夕方勇んで出かけていった。お宮のがんぎに腰かけてキツネが出てくるのを待った。

おいおい目もとが暗くなると、つんとすまして一匹おでました。体にそこの葉をとってはつ

け、ここの葉を取ってはつけだした。すると、キツネは水のしたたるような美しい丸髷のおかみさんに化けた。それから、アマガエルを捕まえてきて、

「ぼんになれ、ぼんになれ」

言いながら、頭をなでると、きれいな着物を着たかわいい赤ん坊になった。丸髷のおかみさんはその赤ん坊を抱えて、しゃなりしゃなりと歩き出した。これじゃ、だれが会うてもキツネとは思えん。男もキツネの後をついていったところ、高田の横町の津民屋《つたみ》という呉服屋に入っていった。すると、番頭や丁稚《でっち》がおおぜい出てきて、

「おかえりなさい」

と出迎える。おかみさんは丁稚の一人に、赤ん坊の守りをたのんで、

「あたしゃお父さんお母さんに、ご挨拶してくるからね」

と、奥に入っていった。後をつけてきた男は、守りをしている丁稚にこっそりと、

「今の女はキツネが化けているんじゃ。お前が抱えている赤ん坊はアマガエルじゃ。嘘と思うなら、そこの火鉢に投げ込んじみよ」

そのとおり、丁稚は信じて投げ込んだ。ところがどうじゃ、アマガエルにはならず赤ん坊は焼け死んでしもうた。

もちろん上を下への大騒ぎじゃ。あわてふためいている店の前を玉津の光円寺のご院家《いんげ》が通

りかかり、わけを訊いた。

「それはかわいそうじゃ。私がひきとって、年忌弔いをさせましょう」

主人を説いて、丁稚と男を連れて帰った。寺にもどって、さっそく得度《とくど》の儀式にとりかかる。

「さあこれから二人とも、仏門に入るのじゃ」

と鉦をたたかせ、ご院家は二人の頭を剃りはじめた。

さて、男の村では、

「あの男はキツネの正体をあばく、といって家を出たきり三日も帰らんが。いったいどこに行ったろか」

大騒ぎの真っ最中じゃ。村中であっちこっちさがしまわりよった。ようようお宮の拝殿の下で見つけだした。見ると、男は一生懸命になって、鉦をたたいているつもりで、「コンコン」と瓦をたたきながら、頭を剃られているつもりで、自分の頭の毛を引き抜いている。

キツネの正体をあばくどころか、自分のほうが先にだまされていたんじゃな。

＊　＊

「タヌキやキツネからよく人間はだまされたり化かされたりしたが、反対にタヌキやキツネをやっつけた威勢のいい人もおったちゅうこつじゃが。

ところで、あんた。キツネとタヌキはどっちが人を化かすのか上手と思うかえ。うん、わからんか。そりについちゃあ、こういう話がある」

＊　＊

山の中で、キツネとタヌキがひょっくり出合うて、自慢話をはじめた。

「そいじゃ、どっちがよく化けることができるか。化けくらべをしようや」

ということになって、さっそく始めることにしたそうじゃ。キツネは目の前にある木の葉をむしって、ちょこんと頭にのせると、きれいなお姫さまになった。タヌキはそれを見てたまがっちしもうて、まん丸い目をなおさらパチクリさせたかと思うと、どっかへ姿を消してしもうた。

そのうち、タヌキはキツネの住みかであるお稲荷さまのお社の前に現れた。屁をプンと一つへると、小豆ご飯になって、神殿にそなえられたように化けたんと。キツネのお姫さまは、いそいそとお稲荷さまのわが家に帰ってくると、うまそうな小豆ご飯が湯気を立てているのに気がついた。キツネは腹の虫がぐうっと鳴いたので、ちょいと手を出して、ぽんと口に入れた。

「キャーッ」

タヌキが悲鳴をあげて、キツネの口から逃げ出したから、そりゃあキツネもたまがったろう。まさかタヌキが小豆飯とは、夢にも思うちょらんからなあ。

この化けくらべは、どうやら見破ることのできんかったキツネの負けで、小豆飯そっくりに化けたタヌキの勝ちということになったようじゃな。

「だけどな、あんた。キツネとタヌキの化けくらべは、この一回きりではなかろうから、どっちが勝ちかほんとのところはわからん。あんたが言うたとおりじゃ。おそらく二十八谷のだあれも知らんじゃろ。知らんけど、畜生のすることと馬鹿にしちゃいけん。人もタヌキもキツネもみんないっしょじゃ。いいこともするし、悪さもする。悪さをしても、やっちゃいけんことをしたらいけん。心でも体でも相手を傷つけるようなことはしたらだめじゃわな。キツネでもそこらへんのところはわきまえちょる」

＊　＊

富来《とみく》は天領じゃから、お庄屋さんもたいした羽振りじゃ。その年も四国の阿波から人形芝居をやとうて、夜中まで興行しておった。隣村の元気のいい男衆が何人かやってきて、こう言うた。

「あすの晩は、うちの村で、芝居を打っちくれんじゃろうか」

阿波の人は「商売だから」と二つ返事じゃ。

次の日の夕方、いよいよ出発というとき男衆が、

「海岸まわりは遠いから、山越しで行こう」

と言うからそうした。富来を立ってしばらくすると、日が暮れ出して山の中は暗くなった。みんな提灯《ちょうちん》にあかりをつけて歩いた。だいぶん歩いて着いた所に、大きな小屋がけがしてある。小屋の中へ入ると、見手がいっぱいじゃ。阿波の人は、

「今夜《こいさ》は妙じゃのう。みんな豆しぼりの手ぬぐいをかぶっちょる。一人もかぶらん人はおらんが」

そう思うたが、見手が多いので一生懸命やった。パチパチと手をたたいて、みんなよろこんでくれたそうじゃ。芝居が終わったら、村の人が、

「ご苦労さんじゃった。おなかがすいたろう。お夜食をあげよう」

と、もろぶたに餅を入れて持ってきた。判のはいったいい餅じゃったから、みんなたらふく食うたんと。その上、銭もようけくれた。

「くたびれたじゃろう。山道を歩くのもたいへんじゃ。今晩はここで泊まるといい」

と、かさねて親切にしてくれる。いい部屋に案内され、蚊帳《かや》まで吊ってくれたんと。

東のほうからお日さまが出て、夜が明けた。みんな疲れてぐっすり寝込んでいたが、まぶしくなって目が覚めた。ところがのう、周りを見てたまがったんじゃ。ゆんべ芝居をした大きな小屋はないし、だれもおらん。周りは草ぼうぼうの野っ原じゃ。家と思うたのは藪で、蚊帳やふとんは柴だったんと。銭は木の葉っぱだろうと思って、何回もよく見たが、本物だった。「も

ちは、もしや馬の糞」と、気分が悪くなったが、これも本物じゃったそうな。キツネにいらばかされた（からかわれた）ことがわかって、みんな口惜しがったが、あとの祭りじゃ。しかたねえ。銭は本物じゃったから、阿波の人は半分よろこんで帰ったんと。

＊　＊

和尚さんだから、説教じみた話になるのかと思ったらそうではなかった。そういう話し方をしなかった。

「旭日の治郎丸を上った焼野《やけの》であった話じゃが、餅とお金だけは本物ちゅうのが偉いじゃねえか。キツネにも良心があり、わきまえもある。けど、みんながみんなそうとは限らんで、あんた。木こりの夢枕に立って、『子どもが大きくなるまで、もう少しあの木を伐るのを待って』と蛇の母親は頼みに行ったんと。そのもうちょっとを待てずに伐り倒してしもうた。子どもを殺された母親は、その木こりにきつい仕返しをした。『目には目を』じゃな。

反対の話もある。山焼きをすることになって、これはたいへんと子持ちギツネは助けを乞いに行った。願いをきいてくれたお礼に、お金をたんとはずんだというんじゃ。人間も畜生もすることはいっしょ。考えることもおんなじじゃ。恨みも返すし、恩も知っている。知っちょるどころじゃねえ、こげな話もあるでえ。

あんたは、若者宿ち知っちょるか。『わけもん宿』じゃ。あんたちの若いころはもうなかったろうなあ。昔は若い衆になると、みんなお世話になりよった。いいことも悪いこともそこで覚えて、一人前になっちいったもんじゃ」

＊　＊

ある日の昼下がり、集まって「今日は一杯やろうか」と、話が決まった。うどんを打つ者。海に行って貝をほる者、潜ってサザエをとる者。さっそく手分けして準備をはじめた。やがて、

「いそいで帰らんと夕飯が遅くなるぞ」

と、それぞれの収穫を抱えての帰り道、道ばたの竹やぶの中から、タノが出た。タヌキのこっちゃ。みんなで追いくりまわして打ちすえて、四つ足をかずらでくくってわけもん宿にかついで帰ったんと。

「今夜、タノ汁して食うか」

みんなに言うと、

「貝やらサザエやらようけあるから、あすの朝にしようや」

ということで、タノを天井のはりにつり下げて、その夜は山の物や海の物をたらふく食うて、みんな床についたんと。

夜中に、ネコが少し戸を開けて入ってきたごとあった。若もんたちは眠たいいっぽうじゃから、そのくらいなことは気にかけもせん。ぐっすり寝込んだ若もんたちの間を、そのネコは

あっちこっちしているようだった。

次の朝、みんなが目を覚まして天井を見上げると、かずらだけが下がってタノの影も形もないんと。わけもん宿のじいさんが、がっかりした若もんの顔を見て、

「われたちから打ちすえられたときは、タノは死んでたんじゃのうて、タヌキ寝入りをしちょったんじゃ。あのタノは男じゃったから、嬶が迎えに来たんじゃろう。命がけでオヤジをうばい返しにくるようないい嫁を、われんたちも早うもらえ」

と言ったもんじゃから、若もんたちは感心したり、がっかりしたりの顔をして、また、布団をかぶって、タヌキ寝入りをしたんと。

＊　＊

「恩だけでなく愛も知っちょる。こうなると、畜生と人間の境はなんかのう。わからんごつなる。上小原《かみおわら》に古い禅寺がある。そこからさらに五町ほど上ったところじゃ。深え淵がある。そこの淵には子どもたちに悪さする河童が住んじょった。夏になると、毎年何人か淵に浮く子どもがあったんと」

＊　＊

村の衆は相談して、お寺の和尚さんにお願いすることにした。

和尚さんは気持ちよう頼みをひき受けて、毎晩遅うなっちから、淵に行っては一心にお経を

となえ続けんたんじゃそうな。すると、八日目の晩のことじゃ。夜も明けかかるころ、雨戸をたたく音がする。和尚さんが出てみると、そこには月光をうけて、年取ったガータロー（河童）が、しょんぼり立っちょるんと。

「まあ、上がれ」

そう言うと、素直に入ってくる。見るとその目には涙をいっぱいためちょる。

「和尚さん、わしは今まで何人も子どもの尻を抜いちきました。申しわけありません。和尚さんのありがたいお経を聞いちょるうちに、目が醒めました。もう今後はけっして悪さいたしません」

ハラハラ目から涙を落とし、頭の皿からはボトボト水をこぼしち、そう言うたそうじゃ。それを見て和尚さんは、

「ほんとによう改心してくれた。親たちはどれほど喜ぶことか。それにしても、お前もなんか食わにゃひもじいだろうから、村の衆にはかって毎年土用にかぎり、ご馳走をどっさり持って淵に行くから、今後はけっして尻など抜くなや。悪さをするんじゃないぞ」

と、固う戒めたんと。

それから村の人たちは、夏の土用がくるたんびに淵に行き、お祭りをするごつなった。胡瓜や、うどんや、小麦の蒸した餅などをお供えして、ありがたいお経を聞かせる。お経が終わる

とみんなで直会《なおらい》じゃ。

今でも、この祭りは欠かさず続けよる。

＊　＊

「人間と動物、譲り合うところは譲り合うて、助け合うところは助け合うていかないけん。生きるちいうことは、それだけで迷惑をかけよるんじゃからな。木でも花でもそうじゃ。みんなおんなじいのちを生きてるんじゃから、いたわり合わないけんわのう。

あんた、昔は人間と畜生は話ができよった。畜生だけじゃない。山や川や岩や風とも話ができよった。その声でなぐさめられもし、助けられもした。いや、気持ちの問題じゃない。ほんとに助けられたんじゃ。信じられんじゃろうが、ほんとの話じゃ。山の木たちの話すことを聞いて子どもの命が助かった、という話がある。まあ、助けたのは子持ちギツネや母蛇とおんなじ気持ち。子を思う一途な思いといえば、そうじゃがな。大きな木はごしんが宿っているから、粗末にしちゃいけんぞ。ごしんとは、ご心、ご神のことじゃ」

あぐらをかいて、和尚さんの話を聞きはじめた私だが、気がつくといつのまにか正座になっていた。

＊　＊

陽原《ひらばる》というところに、半造という猟師がおった。

その半造が、ある夜イノシシを撃ちに出た。

大きな木が生えておるところに来た。見るとその根は大きく張って洞窟のようになっちょる。その根に隠れてイノシシの通るのを待っておったんと。やんがちの頃、雨が降り出して、木の下に泊めてもらわなならんごつなってしもうた。昔から大きな木にゃごしんが籠《こも》っちょるという。じゃあから、半造は大木に向かって、

「今晩な雨が降るき、すまんが宿を貸しちおくれ」

というて、手を合わせたんと。

だいぶん時間がたつと、うつらうつらしちょる半造に、わやわやいう声が聞こえてきた。なんじゃろうかと思っていると、

「今夜《こいさ》、陽原にお産がすんだが、行かんかや」

と言うたようにある。そしたら、半造が宿を借りちょる大きな木が、

「今夜、お客があっち、行かれんがのう」

と言うたようにあったんと。

しばらくすると、またわやわやいう声がして、

「玉んような、立派な男ん子じゃった」

という声が聞こえる。

「ああそうか、ご苦労じゃったのう」

と、この宿ん木が応えているふうだった。

「惜しいことにゃ、のう。生まれた子が十五歳になった六月の七日に、蛇の餌じゃ」

「ああそうか。かわいそうなこっちゃのう」

妙なことを言よるなあと、半造は思いながら聞いたんと。

陽原というたが、陽原は自分かたの村じゃが、陽原の台に子ができるといえば、家ん嬶よりほかにできるところはねえが。そうかというてん、まだ、今夜《こいさ》夕飯食うときな、嬶にでるふうはなかったが。と、半造は考えてみるが思い当たるところがない。

半造は心の底に残るもんがあるから、夜があけるのを待って家へ帰ってみた。嬶は鉢巻がけで寝ている。

「できたんか」

「夕べ産まれた」

「なにができたんか」

「男ん子じゃ」

と嬶はうれしそう。

「ああそりゃいい」

半造はそれだけ言うて黙って、あとはなにも言わんじゃった。それからもずうっと黙ってい
た。

その子がどうしたことか、大きくなるにつれて、魚を釣るのが大好きでな。日がな一日、魚釣りばっかり行っている。そうこうしているうちに、子どもは十五歳になった。山の木が話をしていた六月七日も、明日という日じゃ。その朝も、息子はまた魚釣りに行くと言い出した。なんにも知らん嬶は、

「ああ、息子は魚ばっかり釣りたがっちこたえん」

と不服をいう。半造は、

「ああ、かもわんかもわん。好いちょるこっちゃ。明日は魚釣り行くちいうんなら、今夜《こいさ》はせいいっぱいのご馳走して食わしい」

と言うた。

「あんたという人はもう、息子を甘やかして」

と嬶は言いながらも、その晩はご馳走して食わしてやったんと。

半造は次の朝、世が明けぬうち、弾丸をうんとかまえて、淵の陰平《かげひら》のほうを選んで、鉄砲をかまえていた。やんがちの頃、夜が明けて、息子が川尻のほうから竿をかついで、魚釣りに出てきた。半造はだれからも分からんごと、じっと息子から目を離さんかった。

息子は淵のところにきて、糸をたらして一生懸命釣り入っている。そしたら、淵の木が、ごたごたっと動きだして、大きな波が立ちだした。

半造はハッと思うて、目を据えて見つめていると、大蛇が大きな首を伸ばし上げて、息子を今にも一呑みにしようとしたんじゃ。その伸ばした首を「ここぞ」と思うて、半造は鉄砲でバサッと撃った。すると、淵の水がぐわぐわと渦を巻いて、真っ赤になった。しばらくすると、まあ大きな蛇が死んで浮き上がったんじゃそうな。

息子は助かったんじゃ。半造はもちろんいそいで息子を連れて家へ帰った。

その大きな蛇は、あとで半造がひき上げて淵の上に祭った。そりからじゃ、村ん者がその淵を半造が淵というごつなったのは。今でも行ってみると、気持ちの悪い淵じゃ。それでも祠《ほこら》だけは、いつも掃除がゆきとどいて、お供えもちゃんとあがっちょる。

＊　＊

「ああ、もうだいぶん遅うなったなあ。あんまり遅うなると、あんたもあしたがキチかろう。面白うもねえ話をよう聞いちくれた。すまんなあ。また、おいで。こんな話でんよけりゃ、いつでん聞かしちあぐんで」

そう言って、和尚さんは庫裏《くり》に戻られた。私は部屋にかえって、しばらく飲み残しの麦焼酎を飲んだ。もちろんカボスを滴らしながら。

このお寺は高いところにある。天守閣のようだ。昼間はみごとな青田が見おろせたが、今は真っ暗闇である。ときどき闇の中を遠くにライトを照らして車が通る。広い闇の中で照らすライトは小さい。蛍の光と見まがうほどだ。

天と地の境もない漆黒のしじまにたった一人。中天をただよう蛍のようなのびやかさと少しばかりの怖さを覚えた。太古からのしかも無辺の闇。そんな中で人間はいかにもちっぽけ。走る文明の利器も微々たる存在。人間は万物の霊長といばるほど、ほんとうに偉いのだろうか。ほかの生き物はみんなお互いに話ができる。森や岩や川とだって話せる。だから、大自然の秩序や呼吸とうまく折り合って生きている。国東はほんとうは眠っているのではない。くにさきをつつむゆったりとした時間の流れに人間が合わせられなくなったのだ。人間だけだ。同じ人間としか話ができないのは。いや、人間どうしでも通じなくなってしまった。なんという退歩か。麦焼酎と高楼に気宇壮大となってそう慨嘆した。

また車が二台、蛍がじゃれあうように行きすぎる。広大な宇宙をなにもそんなにくっつきあって走ることないのに。怖いのか、いや、人間はほんとうはさびしいのだろう。しだいにおぼろになってゆく。

和尚さんは、私一人を相手に一生懸命話してくれた。うれしかった。なつかしい人とたっぷり話ができた。そんな気分だった。やっぱり話が好きなんだと思った。そして、やっぱり国東が好きなんだな、と思った。話をたくさん知っているだけではない。昔話の因縁や由来も教えてくれた。

「百姓やら漁師やら鉄砲撃ちんあいだで話しつがれちきたもんじゃ。頭んいい人がひねくりだしてできたもんじゃねえ。じゃからワシに合うちょんのじゃ、アッハッハ。仕事の合間の気休め骨休めにしたんじゃろうなあ。いや、それだけじゃあない。昔は神さまに話して聞かせ

蛍火

よったんじゃ。農業ん神さまに話してあげて喜んでもろうて、豊作を祈ったり感謝したりしたんじゃなあ。鉄砲撃ちもそうじゃ。猟に行って、山ん神ちゅうか、猟の神に話を聞かせると獲物がとれるというてなあ。半造の話もおおかたそういうこっちゃろう」

私は、半造の話に惹かれて、祠のあるという淵をさがしてまわった。「陽」という字がつく地名も、「原」というのもあるが、「陽原」というのはなかった。和尚さんも言われていたが、昔話は、全国に似たような話が多い。むしろ、国東だけに伝わる話のほうが少ないのかもしれない。しかし、私はだからといってがっかりしない。もし、国東で聞いた話がうちにもある、ということはその地と国東の交流が昔あったということだ。つまり二人は遠い親戚になるんだからうれしい。

半造の話も、「産神《うぶがみ》問答」として類話は多い。産神が出生時に赤子の運命を予知するというものだ。しかし、国東の話はちょっと違う。あるいは和尚さんがああいうふうに話してくれたのかもしれない。人と自然との会話、親の子を思う愛の話として話してくれたことがうれしかった。

その後、どうしても陽原が分からないので和尚さんに尋ねにうかがった。

「近ごろはめったに人に会わない。よっぽど気分がいいときなら……」

奥さんはそう言った。身体がめっきり悪いということを聞いて、実は急いで出かけたのであった。さいわい会ってくれた。和尚さんも「わからんのじゃ」と言った。それからお会いしていない。

その時はもう民宿を閉めていた。それでも、国東をさがせば、ほかにきっと「民話の宿」という看板を見つけることができると思う。そしてもし、国東を歩きながら、半造の淵を見つけたら、私にも教えてほしい。

文殊仙寺の形代

文殊仙寺仁王

文殊仙寺《もんじゅせんじ》は深い森の中にある。バスの便は日中は一本だけ。国東町のターミナルからしばらく海沿いを走る。富来の街に入って左折する。ここから、富来路と富籤《くじ》をかけたいわゆるトミクジロード。若手グループが始めた「とみくじマラソン」で有名である。曲がってすぐの万弘寺《まんこうじ》、途中の八坂社、そして、文殊仙寺にお願いすればきっと宝クジが当たるというものだ。いきなりそんな霊験をしめせといわれて、おそらく三神仏とも戸惑っているだろう。そこはしかし、かわいい里人のたのみ、村起こし、町興しのためならと、笑って一肌脱いでくれているにちがいない。

富来は古い町である。南北朝時代、田原氏とともに国東武士の両雄と称されたのが富来氏であった。万弘寺はその富来氏の創建になる。そこには足利尊氏の位牌が安置されている。かつて新田・楠木軍に敗れ西走し、機熟してふたたび東征したことはよく知られている。が、その尊氏の九州初上陸の地が実はこの富来の浦であったということを知る人は少ない。そして陣容を整えなおす拠点としたのが富来城であった。郷土史はそのように伝えている。敗将の失意を

文殊仙寺奥の院

なぐさめ、励ましてふたたび気力を充実させたのがこの地であった。国東はずいぶん昔からそういう癒しの里であったのかもしれない。

　文殊仙寺は古い国東のお寺の中でもさらに古い。六郷満山には珍しい役行者《えんのぎょうじゃ》が開山したのが六四八年だから、大化の四年のことである。しだいに谷は狭くなり、やがて山道になる。奇岩がそそり立つようになると、まもなく山門下の終点に到着する。この間、お土産屋も食堂も、コマーシャルもいっさい無い。長い石段の途中も境内も鳥のさえずり以外はしんとして物音一つしない。まったく別世界。俗塵《ぞくじん》はたちまち洗い流されてしまう。

　たくさんの仏たちが迎えてくれる。本堂や奥の院はもちろん、境内のあちこちで。いや、文殊仙寺ばかりは境内ということばは当たらないだろう。境がない。奇岩怪石、それを取り巻く深い森。堂宇も一点景にした文殊仙境というべきか。その仙境一帯に像塔が点在している。仁王さまが参道の石段の前で待っている。石段に疲れてふと目をやった先にも石の仏さま。ご本尊の文殊師《しゅ》利《り》菩薩。満山にはゆかりのお不動さま。奥の院横には十六人の羅漢さま。そしてあの閻魔《えんま》大王にもお目にかかれる。

どれほどの人がこの石段をのぼったことだろう。文殊仙寺は世にいう日本三文殊の一つ。智恵の文殊として有名な霊場である。だから、子ども連れのお参りが多い。正月や春と秋の大祭には長い行列ができる。奥の院の岩窟にこんこんと湧き出る知恵の水をいただくために長い行列ができる。

こんな話がある。授けても授けてもひっきりなしの参詣者。これでは授ける智恵も無くなってしまう。そこは智恵者の文殊さまのこと、いいことを思いついた。老い先みじかい年寄りに智恵はもういらないだろう。よし、それをもらって子どもに与えよう。そうと気づいた里人は、文殊に孫を連れてのぼってはいけんボケてしまうぞ、と伝え合ったというのだ。

しかし、孫の手を引くじいさんやばあさんの姿は絶えることがない。それでもいい、孫たちが幸せであればと、この長い石段をのぼるのである。それは今も昔も変わらない。もうどれほどの人がのぼったことだろう。生まれて死んで、また生まれて死んでいった人の数だけの祈りがあり、願いがあり、そして、今生きている人の数だけの苦しみがあり、よろこびがある。それほどの祈りの数々を、文殊仙寺にいらっしゃるたくさんの仏さまたちは、どんな思いで聞いたのだろう。おそらく、みんないっしょに涙を流して聞いてくれているのだと思う。

山門をまっすぐに石段をのぼると奥の院がある。右に曲がると本堂にでる。ご住職に案内を請わずとも、宝篋印塔《ほうきょういんとう》はすぐ分かる。岩場の境内を少し下った鐘楼の先にそれはある。

半島一の大きな塔である。首なしの石像はしかし、よく見ないと見落としてしまう。台座に据えられてある小さなそれは、形代である。〝かたしろ〟とは身代わりの像のこと。この塔を建立した浄覚和尚の形代である。

十王堂は境内をいったん出たすぐ裏の岩窟にある。前に石灯籠一対があるからそれを目安にするとよい。石灯籠には天保二年、群馬郡尻高村庄右衛門と刻銘してある。江戸時代、群馬の人がどうしてこんなところにと思う。それにはやっぱりわけがある。庄右衛門とは浄覚のことである。有為転変とは浄覚の人生をいうのかもしれない。

その宝篋印塔にも祈りが込められている。浄覚と数え切れないほどの人々の深い祈りが込められている。

宝篋印塔は天保四年（一八三三）から、十年近い長い歳月を要して完成している。これだけの石を切り運ぶのはたいへんな労力である。しかもすべて人力に頼るほか術《すべ》はなかった。急な山腹しかも岩床に建っている。だからと一応の理解もできる。しかしそれにしても長すぎる。技術的に難工事だったのか、それとも他になにかわけがあったのだろうか。

豊後高田市に智恩寺がある。かつては本山本寺八カ寺の一つであったが今は無住である。県道国東高田線沿いに案内板が立っているから分かりやすい。古い鳥居と国東塔が往事をしのばせる。講堂内にも古い仏さまが何体か安置されている。山深いというわけではないが、しんみりと時の流れを感じさせてくれるお寺である。講堂の柱のうち五本に峰入りの行者が残した墨書が読みとれる。なかに天保八年のものがある。大先達千燈寺、大越家《だいおつけ》両子寺、結衆十人とある。

造塔が多く見られ、満山の大行事が行われた天保という時代はどういう時代であったのだろう。あるいは時を同じくして行われた宝篋印塔と峰入りはなにか関係があるのだろうか。それほど当時の国東六郷は心も生活も豊かであったのだろうか。実はおよそ反対の大変なことが国東にも浄覚の身にも起こっていた。なにが起こったか、それをたしかに語ることのできる人はもはやいない。今となってはこの宝篋印塔と形代に聞くほかはない。

浄覚もおそらく、この天保の峰入りに同行したと思う。

峰入りとは国東六郷満山の天台宗徒が死ぬまでに一回は修めなければならない荒行である。養老の昔、仁聞菩薩が開かれ、祈りをこめて回峰した跡をそっくりそのまま巡り歩くというものだ。その霊場は一八三カ所、全行程八十里におよぶ。仁聞菩薩の遺徳をしのびながら奇岩秀峰のきそい立つ六郷の峰々をかけめぐる。その間仁聞菩薩が行なったとおりの行法をおこない、その境地と宗教的霊感を体現する。あるときは穀を断ち、あるときは眠らず、あるときは静かに写経し、あるときは絶壁の岩場をよじのぼる。行者の服装は白ずくめ。白の浄衣を上下にまとい、頭に白頭巾《しろずきん》をかぶる。白の脚絆《きゃはん》を巻いた足は草鞋《わらじ》ばき。白い手甲《てっこう》をはめた右手に錫杖《しゃくじょう》、左手に数珠を持ち、首から白い頭陀袋《ずだぶくろ》をさげている。大先達の頭巾は、長い鉢巻をうしろより前にまわし、角のような飾りに結んで両頬より腰のあたりにたらしている。

大先達とは峰入りの責任者。すでにこの荒行を経験している者のなかから選ばれ、しかも大阿闍梨《だいあじゃり》の位をもつことが条件とされている。行中のすべてを指揮監督する。それを補佐する大越家は、行者隊列の後尾につき、つねに行者に落伍《らくご》のないよう留意する。

出発、停止などいっさいの行動は法螺貝《ほらがい》の合図によってなされる。道中はつねに不動尊の真言か、次の霊場の本尊の真言をとなえることになっている。私語はもちろん、勝手に隊列を離れることも許されない。

九州で七万人の餓死者をだしたのは享保十七年（一七三二）の大凶作のときである。それから五十年たって、こんどは天明の大飢饉、藩内では飢え死にするものはなかったが、鳥やけものと変わらぬ生活だった。草露をすすり青木の葉をついばみ、桑の芽立ちを食べて飢えをしのいだ。

それから五十年、またまた天災地変にみまわれた。天保は四年、国東の里も飢饉《ききん》が続き、天保七年が最悪の年であった。享保におとらない大飢饉で、里人の生活はみじめで悲惨だった。新芽青葉は食いつぶし、ワラビの根も掘りビワの木の皮までかじった。村中で餓死者を見ない日はなかった。

山は荒れ、田畑は干からび、人の心はすさんだ。食べものを争い、油断していると手に持っているものまで奪い取るしまつ。盗む物ももはや無かったが、こそ泥が徘徊した。鳥やけものにも劣る、まるで餓鬼の世界だった。

そんな、天保八年の春二月、国東六郷満山の僧侶たちは峰入りを行なった。

国東の峰々に法螺貝の音を聞き、整然と歩く白装束の一行が見え隠れするのを里人はかつては手を合わせてながめた。しかし今は、国東半島全域が大凶作にあえいでいた。僧侶たちのなかには、今回の峰入りを不安に思うものがあった。危険だというものもいた。天保の峰入りはそういうなかで、いつものようにお釈迦さまが入滅された二月十五日涅槃会《ねはんえ》を期して行われた。

宇佐八幡宮に入峰の報告、祈願をすませてから熊野磨崖仏の前で、開白の護摩が焚かれた。人々の祈りと峰入りの安全無難の願いをこめて焚く護摩の煙がもくもくと樹間をたちのぼる。なんといっても大凶作のうち続く村人の願いは五穀豊穣であった。そのために欲しかったのは時節を得た雨だった。

千年の風雪にたえる、総高六・八メートルの大日如来、九メートルもあろうかという不動明王が睥睨《へいげい》する護摩場は、善男善女であふれていた。遠くの谷近在の里からつめかけた信者や村人たちの人いきれと、行者のとなえる不動真言が山峡にこだまして一種独特の雰囲気である。樹間に立ちこめた白い煙はいつしか天空をおおいつくして暗くなったような気がした。すると、突然の大粒の雨だった。信心ぶかい村人はどよめいた。はやくも通じた神通力におどろきと歓喜の声がうずまいた。

さらに不動真言は続く。

ナーマク　サーマンダ　バーサラナン　センダー
マーカロシャーナ　ソワタヤ　ウンタラター　カンマン

しつこくつきまとって離れない煩悩を護摩とともに焼き尽くし、仁聞菩薩の心になって行《ぎょう》は開始される。一心に不動真言をとなえる文殊仙寺徒弟、浄覚の姿もそこにあった。浄覚はもと上州群馬郡尻高村の出身、俗名を庄右衛門といった。現在、順道法印のもとで出家得度して浄覚の名をもらった。峰入りはほぼ二十年に一回修行される。若くはない体力と余命を思えば、この機を逃すともうめぐり合えることはないかもしれない。話を聞いて、ぜひにと法印さんにたのみこんだのであった。

浄覚には大願があった。大恩ある法印さんが発願した宝篋印塔の完成である。法印さんは文殊仙寺の境内にそれを建てようと思った。宝篋印塔とは、もとは宝篋印陀羅尼経を込めておく塔。このころは一般に石塔婆《いしとうば》の形をしたものをいう。凶作の続く里人の喜捨にたよるのはしのびがたいが、だからこそ五穀豊穣、万民和楽の祈りをこめた宝篋印塔を建てようと思ったのである。いらい四年間、法印さんとともに浄覚も足を棒にして托鉢にかけずりまわった。心労をつみかさねた法印さんはちかごろ急に弱った。塔完成と法印さんの元気回復の願いをもっての峰入り参加である。

雨の峰入りであった。最初、雨はうっとうしかった。しかし、子どもがはじめはちょっとした濡れを気にするが、濡れてしまうとうれしくてはしゃぎ回るのに似て、降りしきる雨がしだいに気持ちよくなった。山中の木々や草々が慈雨を得てうれしそうである。慈雨が降って百穀をうるおすという。まさに穀雨の先走りであった。

山深い道を雨にうたれて歩いていると、自分も木や岩とおなじ自然の一部だと思えてくる。雨に気を取られながら、ふと行路わきの民家に目をやると一人の老婆が一行の立ち去るまで両手を合わせて何度もおじぎをくり返している。そんな姿を見て、

「違う、ちがう」

と浄覚は首を振った。

「俺はそんな人間ではない。人から拝まれるような人間ではない」

雨にうたれ、泥だらけの山道をはいずりまわるのが一番似合っているんだ。願わくばこの雨がすべてを洗い流してほしい。そして我が身ではなく国東の民に実りをもたらしてほしい。すなおにそう願った。老婆の一心に祈る姿とふりしきる雨が、浄覚をそういうふうにすなおにさせた。

浄覚の心からすでに不安も消えていた。護摩場を埋めた人々のしんけんな顔。そして祈る老婆に接して心は落ち着いてかまえがなくなった。悲壮な決意でのぞんだ今回の峰入りだった。うち続く凶作で国東半島は疲弊していた。おだやかな国東の民の心もすさんでいた。飢え死にするものだけがあって、食べものも人の倫理もなくなって、小盗人《こぬすっと》や夜盗《やとう》が出没するしまつである。そんななかでの八十里。岩を飛び、崖をはいつくばってよじのぼる体力を支えきれるか。喜捨だけにたよって十数日間の荒行をはたして円成《えんじょう》できるか。きわめて困難が予想された。

しかし、満山の衆徒は「だから今こそ決行すべきだ」と確認しあった。仁聞菩薩はなぜ生涯、多くの寺を建て、仏像を造り続けたか。岩に彫り、木に刻んだ六万九千余体の仏さまは法華経の総字数になぞらえたものだという。しかし仁聞菩薩はけっしてその数に満足はしていまい。人々の祈りや願いははるかにそれより多いからだ。生きていくというのは、それほどつらかったり、さびしかったり、おそろしかったり、苦しいのだ。人々の苦しみの声、救いを求める声の数々が仁聞菩薩には痛いほどよく聞こえたにちがいない。

一番困り苦しみぬいている今こそ、何かをするべきだ。そういう人に何かを施すべきだ。財を施すことはできない。が、法力と安心は与えてあげることができる。それが仏門にある身のなすべきことではないか。そして一番重要なのは、安楽に満ち足りたなかで、支えられて事を行うのではなく、何もない、あるのは不安と危険ばかり、そういう状況のなかで行う。そうしてこそ仁聞菩薩に少しでも近づけるのではないか。結衆はみなそう思った。今まさに、国東には苦しみの声が満ち満ちている。凶作は弱い者ほど痛めつける。死んでいる。毎日、愛する人を失った悲しみにもらすすすり泣きがあちこちの村で聞こえている。求道心だけが頼み、文字どおり生命を賭しての峰入り決行であった。

浄覚もそういう気概をもって峰入りに参加した。村人の苦しみや恐怖を少しでも除いてやることができれば、そういう気持ちであった。しかし、それは思い上がりだ、ということにすぐ気づかされた。はげしい雨に、山道は谷川となり、道なき道をすべりながらよじのぼる山中の行は遅れがちであった。人里近いとはいっても険しい岩窟の霊場にようやく到達したとき、村人たちは待っていた。朝早くから、いまかいまかと待っていたのである。もちろんご加持を受けるため。しかし、それだけが目的ではなかった。行者たちへの接待のために待っていたのである。わずかの漬物とお茶だけではあったが、みずからは食わず行者のためにと待っていた。降りしきる雨に春まだ遠く、ちぢかむ行者の手に熱いお茶はなによりの馳走であった。拝まれ、差し出される漬物とお茶に浄覚の目頭は熱くなった。布施されているのは、紛れもなく自分のほうであった。雨でそれとはさとられなかったが、慚愧《ざんき》と感激で思わずもらした涙であった。はいつくばってのぼる山肌、先達が手をかしてくれた。遠慮と負けん気でことわった瞬間、すべり落ちて同行の人に助け上げられた。すっかり消えたと思っていた構えはまだ残っていたのだ。みっともないが、これでもう一つふっきれた。心がいっそうすなおになったように感じた。自分が自分が、という思いも少しうすらいだような気がした。

山道や岩場の行が続いた。とりわけ岩場の多い天念寺耶馬にさしかかった。行中さいだいの難所、無明橋がある。千尋の谷もかくやと思われる切り立つ岩と岩の間にかけられた石橋は、不浄の者が渡ると落ちるといわれている。人幅しかない円い太鼓橋に欄干はない。長さは一丈ほどだが、苔むした石の太鼓橋はすべりやすい。高いところが苦手な浄覚にはとりわけ難行であった。それを見て、おもわず身震いした。一歩足を踏みはずせば、深い谷底である。思わず真言をとなえる浄覚であった。が、その一瞬浄覚は気がついた。「これが人生だ」と。堂々と大手をふって人生の表街道を歩け、とよくいうが、人の歩いている道はこんな道なんだ。手すりもない、目もくらむばかりの絶壁の崖と崖とに架けられた橋の上、ほんのちょっと間違えば無限の谷底にまっ逆さま。そんな危険な道を人は歩いているのだ。だれでも落ちる可能性はある。渡りきることこそ僥倖《ぎょうこう》だ。人生はなにごとも起こり得る。どんなことだって起こり得る。あり得ないものはない。地震だって、火事だって、洪水だって。現に、この飢饉を見よ。

そうではないか。奈落《ならく》の底に突き落とされるように、幸福の絶頂から不幸のどん底に落ちることだってある。突然、馬から蹴られて死ぬことだってある。落ちてきた岩に当たって死ぬことだってある。盗っ人になることだって人殺しになることだってあるかもしれない。もちろんその逆のこともあるのだが、浄覚はしだいに興奮してきた。聖人と悪人の差なんてこの橋の上を歩くようなものだ。運よく渡りおおせば人からたたえられる。足を踏みはずせば地獄の苦しみを味わう。


浄覚は、踏みはずしてしまった自分の過去をまざまざと思い出していた。

浄覚はもと、上州は高崎城の有力家臣に仕える忠実な下僕であった。下僕として召し使われていた浄覚こと庄右衛門が二十歳すぎのこと。あろうことか、主人の愛妾《あいしょう》とまちがいを犯してしまった。いったん情を交わせば、あとはお定まり。二人は快楽の深みにおぼれてしまった。一つ屋のことゆえ、やがて主人の知るところとなる。修羅場はすぐにおとずれた。ふすまをけ破るように踏み込んで、「成敗いたす」と主人が大太刀抜いて仁王立ち。あれやこれやともみ合ううちに気がつけば、主人は倒れて動かない。庄右衛門の手にべっとりと血糊《ちのり》の刀がにぎられていた。「もはや、これまで」と身の回りのものをいそぎかき集め、手に手をとって国を出た。

罪を犯した二人の足は自然と北に向かう。にぎやかな江戸とは反対のさびしい日本海をながめたころは、すっかり路銀も使いはたしていた。そこから、西へ下っていった。だれ邪魔されることもない二人だけの道行きも、楽しさよりも苦しいことのほうが多くなった。愛のことばも、いつしか恨みつらみがつい口をつくようになった。礼節を知るための衣食に困るようになって、また罪を重ねた。すでに不義密通のうえの主人殺し。これ以上もない大罪を犯した者が開き直ってこわいものはない。追いはぎ、強盗をくり返し、断末魔の声もいくどとなく聞いた。

但馬、出雲と日本海づたいに西へ西へと落ちのびていった。石見の国から中国山地を越えて周防の国にでた。ときには似合いの夫婦と、住み込んで働くこともあったが長続きしない。風がさわいでも追っ手かと、壁の耳障子の目が気になってしかたがない。はては、夜ごと夜ごとの夢枕に現れ出した。血まみれの主人が見ひらいた怨《うら》みの目、罪もないあわれな旅人の恨《うら》めしげな顔が迫ってくる。ガバッといっしょにはね起きて、同じ夢にうなされていたことも日増しにふえた。とうとう女はたえきれず、あらぬことを口走るようになった。庄右衛門とておなじこと。ついにたまらず無我夢中、とりすがる女を斬り殺してしまった。

庄右衛門はそれから一人九州をめざして下っていった。海を渡っていっさいの過去を忘れようとしたのであろうか。

周防の国から瀬戸内海を渡り、国東半島にさしかかる。夕なぎの海上はるかまで梵鐘《ぼんしょう》の音はつたわってきた。長く尾をひく余韻の音色は聞く人にほとけ心をゆり起こさせるという。船はすい寄せられるように富来の浦に入っていった。一軒の漁家に宿を乞うた。必要なこと以外はしゃべらない親切が、庄右衛門には海の幸以上にうれしかった。黙っていても人のよさが伝わってくる。真心がにじみでてくる。そんな心地よさが気に入ってしばらく旅の疲れを休め、心の痛みをほぐした。

それにしても、朝な夕なにひびきわたる梵鐘のいよいよ澄みきった音は、心のすみずみにしみとおる。その鐘の音を聞くたびに、忘れよう忘れようと努める過去が浮かんでくる。地獄に落ちた自分を苦しい、恐ろしいとばかり思っていたが、そうではなかった。地獄に落ちた亡者どもを、なお苦しめる地獄の鬼こそが自分だったのだ。

たまらず、庄右衛門は漁夫の家をとびだして、山に向かって歩き出した。庄右衛門がたよったのか、鐘の音が引き寄せたのか、めざす寺にたどりついた。

「しばらくここに、泊めてくれまいか」

単刀直入に住持の順道法印にたのんだ。法印さんはなにも聞かず、気持ちよく上げてもてなした。それからも、なにくれとなく親切にしてくれるが、向こうからはなにも尋ねてこない。

「地獄の鬼と変わらぬ自分を、これほどまでに親切にしてくれるとは」と、庄右衛門はもったいなくてしょうがなかった。寺の裏には十王堂がある。岩をうがってつくったお堂には、閻魔大王を真ん中に冥途《めいど》の裁判官である十王が安置されている。庄右衛門は十王堂で時を過ごすことが多くなった。法印さんに無心にやさしくされればされるほど、良心は痛んだ。大事にされればされるほど、罪の意識にさいなまれた。十王堂が自分には一番似合っていると思った。許されようとは思わなかったが掃き清め、お花を換え、お水を供えてぬかずく日が続いた。

庄右衛門は十王堂に立派な石灯籠一対を寄進した。

「法印様、十王堂までおとも願えませんか。これまで犯してきた恐ろしいことの数々を、閻魔大王さまに申し上げ、罪の裁きを受けようと思います。いっしょに聞いてください」

二人は十王堂に入った。庄右衛門は閻魔大王の前に端座して、両手をついて、涙を流して罪の数々を告白した。そして、法印さんの前にひざまずいた。

「法印様、わたしは地獄に落ちる男です。しかし恐ろしくはありません。ただ、さびしいだけです」

「庄右衛門さん、あんただけじゃない。人間はみんな地獄に落ちる資格を持っているのじゃ。たった一人で落ちていく。さびしいのが人間なんじゃ」

「人間はみな、さびしいのですか」

「さびしい人間同士じゃからこそ、人間が恋しいのじゃ。親しみが湧くんじゃ。そのさびしさでつながっているからこそ、なつかしさが起こるんじゃ」

法印さんは続けて言った。

「しかし、生きている人間よりも死んでいった人はもっとさびしいはずじゃ。仏におすがりなされ。冥福を祈ってあげなされ。しかし、あんたの犯した罪は消えん。それでも、ひたすら仏の道につかえ、世のため人のためになるよう努めれば、心の安心は得られるじゃろう」

法印さんの大慈大悲により、庄右衛門は得度して浄覚となった。


目の前に無明橋がある。こわい。すさまじいほどの恐怖であった。奈落の底に落ちた自分であるのに、この目の前の奈落はどうだ。震えあがるほどにこわい。地獄に落ちるとは、この無明橋を一人で歩き、踏みはずして暗黒の谷底に落ちていくことだったのだ。それを今浄覚は実感した。自分はすでに地獄に落ちたと思っていたが、そこには肉欲や食欲をみたす快楽があった。恐怖におびえながらも美しいものも見られたし、なにより同じ悩みやよろこびを生きる人間にとりかこまれていた。だから、こわさも半減したし、罪の意識もときに忘れることができた。ほんとうに地獄に落ちるとはこういうことだったのだ。たった一人で落ちていくしかないんだ。二人でいても、いつも襲ってきた恐怖とはこれだったのだ。「無明」とは無知のこと。愚かさ、迷い。すべての苦をもたらす根本的な煩悩をいう。それは一人浄覚にのみあるものではない。はるかな過去世から無限に続いている無明の闇を今浄覚はまざまざと目の前に見ていた。地獄の恐怖を実感して浄覚は悟った。自分一人はあまりにもたよりない。恐怖の前にはまったくの無力であり、他に救いをもとめるよりほかに術はないと。一心に不動真言をとなえた。仁聞菩薩を観念した。そうして不動明王と仁聞菩薩の力を得たとみずからに信じ込ませて渡った。

さびついた鉄の鎖をただ一つの命綱として身体をあずけ岩肌を一寸きざみに下りて、行者の隊列はふたたび里に入った。白装束に白頭巾、手に錫杖、そして法螺貝の整然と一列で進むさまは異様である。思わずでくわしびっくりしながらも、手を合わせこうべをたれている人もいる。また、早くから、ゴザを敷いて一行の到着を待っている仲間づれもある。人々は合掌して、霊場を歩き生身不動尊の境地を開拓した行者たちに護摩供御札をいただく。

ときに行者たちは子どもに虫封じや無病息災延命の秘法を授けることもある。おおぜいの乳幼児を数尺ごとに一列に寝かせ、その上を行者が列をなして一人ずつ股越えしながら、呪文祈禱するのである。むかしは行者の法螺貝の音や咳ばらいで寝床の人が快くなったとも伝えられている。

もし草鞋が切れたら、の心配はいらない。村人たちは自分で編んだ新しいのと古い草鞋を交換し、ありがたく頂戴する。家の門口や畜舎の柱につり下げて、家内安全の魔よけにするので

川中不動（天念寺前）

ある。霊場によっては途中、徒歩が許されぬところがある。天念寺から長安寺の間を行道するとき、檀信徒の迎えの人たちが半里ほど肩車をして歩いてくれるのだ。少しでも疲れをいやそうとする思いやりからである。それほど里人の行者に対する尊崇の念は篤く、信仰心が深いのである。村人こそ疲れているのに、たいへんな苦労であろう、と浄覚は気の毒がった。

凶作にあえぐ村の子どもたちの泣き声もか細かったが、行者たちの体力の消耗もはげしかった。雨は初日の一回だけだった。穀を断ち、寝を断っての荒行は過酷で、行《ぎょう》半ばにして行き倒れた者もすでに二人を数えた。強靭《きょうじん》な精神力とほとばしる求道心をもってしてもこうである。いよいよ今日は結願《けちがん》成就の日。雲一つないが春の陽光はおだやかすぎて吹く風にはまだ寒が残っている。この日がもっとも長い行程となる。浄覚の頬はげっそりとこけ、目は落ちくぼんでいる。足だけはむくんで足袋《たび》になかなか収まりきれない。疲労のはげしい足腰の衝撃をやわらげるために、草鞋の重ね履きをしている行者もいる。

ようよう里の霊場にたどりついたときには、もうすっぽりと夕闇につつまれていた。疲労の影はだれも隠しきれないが、心づくしの接待に気力も充実してめざす惣山両子寺《ふたごじ》までの二里半にいどむ。最終最後の道程は両子山をつねに視界におさめての行進である。しかしこの道は昔から行者泣かせといわれている難所である。ダラダラ続くゆるやかな上り勾配を歩けば歩くほど両子山が遠のいて見えるのである。沿道の民家は焚き木の明かりで行者を迎えてくれる。しかし、民家と民家は間遠でその間はまったく闇の中。闇が濃くなるにつれて寒気も増してきた。両の足を右、左、右、左とただ交互に動かす。このリズムを壊されることはおそろしい。それを壊されるともう立ち直れない気がして、とにかく足を動かす。錫杖を支えに、足をひきずりながら歩いている行者もいる。それでも時おり、足をつまずかせ転びそうになる。不動真言をとなえる声がしだいに高くなる。合唱になる。

そのとき、不動真言の轟音と漆黒の闇をついて両子寺の鐘が余韻嫋々《じょうじょう》と聞こえてきた。法螺貝に応えたのか、法螺貝が応えたのか。二つの音は共鳴して一行を励ます。

ヴッオー　ヴォーオオー　ゴーン　グゥオオーン

ゴーン　グゥオオーン

いつのまにか寒さを忘れた。玉の汗が噴き出てくる。ただ不動真言をとなえ、ひたすら左右の足を交互に動かす。浄覚はいつしか、その足の運びも自分のものとは思えなくなっていた。自分の意思が、気力が足を運ばせているのではない。不動真言が不動真言をとなえ、仁聞菩薩の足が足を動かしているように思われた。

山峡の闇にこだまする不動真言は両子山麓すべてを聖地に変えていく。法螺貝の音と梵鐘と不動真言とが山峡にひびき合い、一帯は一大宗教地、音の曼荼羅《まんだら》世界であった。五日目に足をくじいて歩けそうにない行者がいた。だれもが疲労困憊していたのに歩き通せた。なにが最後まで歩き通させたのだろう。これが最後という励みか。しかし、最後はみんな無心だった。いや不動明王であり、仁聞菩薩であった。

ナーマク　サーマンダ　バーサラナン　センダー

マーカロシャーナ　ソワタヤ　ウンタラター　カンマン

腹の中からしぼりだすような真言は、しかも歩きながらのそれはかなりの肺活量を必要とする。内なる邪悪のすべてをはきだし、聖地の浄気を一気にすいこむ。そのくり返し。疲労の極地とあってしだいに自分ではなくなっていく。もはや歩くのは苦行ではない。一心不乱の生身不動尊の境地に達している。だから捻挫しているのに歩けた。

両子寺護摩堂前はおおぜいの出迎えでごったがえしていた。行者たちの顔はだれも大粒の汗がしたたり落ちていた。寒さに震えながら待っていた人たちには不思議であったが、神々しかった。大先達も初入りの行者もだれもがお互いに「ありがとうございます」と頭を下げている。

だれもがこの満願成就が、自分だけの力で達成されたとは思っていない。不動明王や仁聞菩薩の神通力のおかげ、それももちろんある。国東六郷全山のめぐみや励ましもある。千年の昔から六郷満山を支えてきた、今は亡き多くの先達のご加護もある。そしてなにより現在、凶作のうち続く天保の今現在、国東の里人のありがたい仏心のおかげさまで成し遂げられたことを知っているからである。

信心篤き里人たちも、行者たちのよろこびを我がことのように喜び、大苦行をやり遂げた生身不動尊の霊力にあずかろうとしている。そこはすべてが一体であった。つながっていた。

浄覚は修練行を達成できたよろこびと感激に身を震わせた。そして、しずかに心に期していた。

「国東の人々と山河大地がまた自分を救ってくれた。なんとしてでもこの国東の地に、どこにもないような宝篋印塔を造ろう」

その峰入りの翌年、大阿闍梨法印順道大和尚は亡くなった。

今は浄覚が中心となって宝篋印塔建立、それもどこにもないような、巨大な塔建立に向けてわが身を忘れて奔走する毎日であった。

それからの浄覚は前よりいっそう托鉢にはげんだ。

国東半島の谷々すべてを巡った。およそ人の気配のあるところ、どこでも廻った。さらに托鉢の行脚は諸国におよんだ。そのなかには上州から国東に落ちのびてきた、その逆の順路も含まれていた。富来の浦から、瀬戸内海を周防の国に渡った。さらに西中国山地を越え、石見の国から日本海を望んだ。衆生済度《しゅじょうさいど》というより、おのれの大罪の確認の旅であった。もう遠い過去のできごとと思っていた逃避行のことが、昨日のように思い出された。雨露をしのんだ村はずれのお社や、いっとき住み込んで働いた山奥の湯治宿を目の当たりすると、錐《きり》でえぐられるように心が痛んだ。

「法印さんのおっしゃるとおりだ。けっして罪は消えることはない」

一年二年といたずらに時は過ぎてゆく。それでなくても貧しい村々の生活。浄財はなかなか集まらない。それでも、うだるような暑い日も、凍えるような雪の日も浄覚の托鉢姿を見ない日はなかった。歩けば必ずなにがしかの喜捨を受ける。そうすれば増えることはあっても減ることはない。だからくる日もくる日も鈴を鳴らし、頭陀袋をさげて歩いてまわった。

その進みは遅かったが、浄覚の必死の気迫と執念が村人に伝わらないはずがない。ありがたい浄財とともに、人々の心もしだいに集まった。

また浄覚は十王堂のことを思い出していた。浄覚は法印さんに重ねてこう聞いたのであった。

「うれしさやよろこびでは、つながらないんですか」

「うれしさではつながらん。人間はみな欲張りで焼き餅やきじゃからのう、他人の喜びのほうがいつも自分のより大きいと思うんじゃ。さびしさや苦しさはみんな等しく感じる。だからさびしさや苦しさでしか、人間はつながることができんのじゃ」

と法印さんが言ったことも正しかった。飢饉に苦しみあえぐ人々は身を削るようにして喜捨してくれたのであった。

ようやく、宝篋印塔建立に取りかかった。一文の金も寄付できずに心苦しく思っていた村人は、工事に取りかかるとさっそく手伝いにきた。施す財のある者は、財を。財のない者は、自分の身体を施そうというわけである。財も力もない者たちは、ねぎらいのことばをかけにやってきた。

何もない者たち、その多くは老い先みじかい者たち。腰はかがみ、深いシワをきざんだじいさんやばあさんは杖をつきながら、長い石段を休み休みのぼりながらやってきた。石工や人夫たちに声をかけながら、みずからもひそかに祈った。自分たちがこれから行かねばならない後生の安楽をモゴモゴ祈った。そして、苦しかった自分たちの苦労や悲しみを「どうぞ子や孫たちには与えてくれるな」と、宝篋印塔にモゾモゾそれは熱心に祈った。

峰入りを終えて、もう四回目の春を迎えようとしていた。

近郷近在のみならず、三つも四つも山越えをして人々は助力にきた。それはもうひっきりなしであった。完成が近いとうわさされるようになってから、村人は遅れてなるものかと競って出かけた。

罪はけっして消えることはない。忘れたつもりでも、事実はきちんと残っている。寝食を忘れて浄財集めに歩きまわる浄覚の名は広まった。風の便りは流れ流れてついに上州まで届いた。成長した忘れ形見は、父の無念をはらすためにいそぎ、旅の支度をととのえた。求める仇ははるかな見知らぬ九州。血気に燃える若者ははやる心を船にたくした。

執念が神に通じたか、船は浄覚がたどりついたと同じ富来の浦にすべりこんだ。長旅の疲れをいやす宿の主人に、こう聞かされた。

「こん上の文殊仙寺にゃ、偉いお坊さんがおる。若いころ犯した罪滅ぼしに宝篋印塔を建てるといって、命がけじゃ。なんでも上州の生まれというが、たいした人じゃ」

めざす仇に相違ないと、朝暗いうちに宿を出た。渓谷のせせらぎを聞きながら、急いだ。かわたれどきの薄明かりのなかに、唐の五台山を思わせるそそり立つ岩峰が墨絵のように見えた。と、曙光《しょこう》が奇岩に抱かれた文殊仙寺を照らし出した。樹林の間から岩床にそびえ立つみごとな宝篋印塔の姿がかいま見えた。

もうほとんど完成もまぢかな塔であった。若者に仏塔の知識があって、そう認めたのではない。若者はそれを宝篋印塔と少しも疑わず信じ込んだ。境内にはもう多くの村人の働く姿があった。ようよう目指す相手は、法衣とは見分けのつかないほどの襤褸《ぼろ》をまとい、先頭に立って働いていた。興奮で震える手と声を押しころしながら、

「浄覚とやら、貴殿は元上州……」

浄覚は、みなまで言わせなかった。何度このことばを夢にうつつに聞いたことであろう。

「いかにも、元庄右衛門にまちがいござらぬ……」

今度は浄覚に最後まで言わせず、若者は震える手で腰のものに手をかけた。

「父の仇、覚悟!」

なにごとが起こったか、一瞬キツネにつままれたような村人たちは、ギラリと朝日に光る太刀を見て、あわてて若者にとりすがった。そして、何度も命乞いをした。

「みなの言うとおりじゃ。もうちょっと待ってくれまいか」

浄覚もそうたのんだ。若者は、それならばと刀を納めた。

そりよりさらにいっそう、浄覚も村人も大事業完成に精を出した。浄覚ははじめは罪障消滅という思いでいっぱいだった。罪を帳消しにしてもらおう、というのではない。罪ぶかい自分を自覚し懺悔《さんげ》の気持ちでいっぱいになったとき、罪ほろぼしをしなくてはすまない、たまらなかったのである。法印さんも仏にすがって、世のため人のため衆生済度に努めなさい、と言われた。だから村人のため、宝塔建立のために骨身をけずった。

しかし、六郷満山峰入りを修行して変わった。みずからは困窮のどん底にありながら、なお神仏を信じ、行者の一行に接待の布施をする里人に接したとき、浄覚はおのれのごうまんさを恥じた。救ってやるどころか、救われたのは自分のほうだった。無明橋でも思い知らされた。自分一人はあまりに無力でたよりない。絶対の恐怖や孤独のなかでおののいた。思わず仁聞菩薩にとりすがった。

しかし、里人たちはすでに知っていた。どうしようもない不幸や災難が人生にはおそってくる。そして、どうしようもないさびしさや苦しさに人は取りつかれる。だれかに、何かにすがることなしには生きられない、ということを。凶作も理不尽もときにはじっと耐えなければならないのだ。あきらめだとか、弱いとか、逃避だとかいうのではない。反対にそういうものが

文殊仙寺の宝篋印塔

あるということを、目を背けずに強い意志で認めきったとき、ほんとうにそれを乗りこえていく勇気と力がわいてくるのだ。

法印さんのおっしゃっていたように、そこではじめて人間はつながっていると安心できるのだ。罪を犯した人間にもだからやさしくなれるのだ。法印さんはなにごとも咎めなかった。村人もとがめだてしなかった。だまって恕《ゆる》してくれた。人間は弱いものだとまず悟り、さびしさやかなしさで人間はつながっているのだ、ということをこの国東の人たちは知っていた。

人は善をなすが、悪をも犯す。犯した罪はけっして消えることはない。ならば、その罪をしっかり抱きとめて生きていこう。罪ほろぼしは自分のためにするのだが、罪ほろぼしのために積んだ善《ぜん》行《ぎょう》利益《りやく》はすべて他の人にあげてしまおう。だから浄覚は、よくばって「天下泰平　国家安全　五穀豊穣　万民豊楽」と刻んだ。みんなが幸せになってほしいと願いを込めた。

加勢の村人たちも、そんな気持ちだった。浄覚のために助力しているのだが、それは自分のためでもあった。そんな思いでしている仕事だからきついと思わないし、不平も不満もでない。嬉々《きき》として仕事をたのしんでいる。それが若者には不思議でならなかった。浄覚の心は落ち着いていた。むしろ完成が近づくにつれ表情がおだやかになってきた。加勢の村人たちも同じである。どうしてこうも安心しきったしずかな顔で働けるのだろう。若者は浄覚や村人をながめているうちに、いつしか自分も石運びを手伝うようになっていた。

樹齢千年を超える宝塔横の大ケヤキはまだ裸木のままだった。が、山桜が冬枯れの境内に春の到来をつげたころ、ついに宝塔は完成した。飢饉のあいつぐ一番苦しい時代に総高九メートル、どこにもない大宝篋印塔ができあがった。四十三カ村から一万三八〇〇人の加勢人が集まった。順道法印、浄覚が発願してから足かけ十年の歳月が流れていた。浄財を寄せた人の数は、何万とも知れない。法印と浄覚の足とこころが集めたものである。

ときに浄覚は完成までのひまをみつけて、小さな石像を刻みはじめた。自分が死んで後も宝篋印塔と国東の民、いや万国の人々の平安を祈り続けたいと思い、合掌して祈る自分の姿を石に刻んだ。それもできあがり、その形代を宝塔の台座に据えてから、若者を呼んだ。

「おかげで、大願がかなった。長いこと待たせてすまなんだ。どうぞ首を打ってくだされ」

と粗莚《あらむしろ》の上に端座して、しずかに形代とおなじ姿勢をとった。

ためらうことなく若者は、気合いもろとも袈裟がけに切り下ろした。見事ごろりと首はころがり落ちた。みるとそれは形代の石の首である。浄覚の目からすーと一筋熱いものがこぼれて落ちた。若者は肩で息をしながら、片ひざついた袴の裾を涙で濡らしていた。それを取り巻く村人たちは声をしのんで泣いた。大宝篋印塔とかれらの上にはひとしくハラハラと山桜の花びらが散って舞った。


国東六郷は祈りの谷、救いの里である。ただお寺や仏たちが多いから、そういうのではない。人が生きている。深いところで信じ合って生きている。文殊仙寺の浄覚もそんな国東に救われた一人である。涙を流して聞いてくれる仏たちとは、石や木彫りのそれだけではなかった。いっしょにこの世の苦しみとよろこびを生きている人間こそが実はそうであった。そういう人たちに囲まれて生きている。浄覚はそれに気がついた。しかし、波瀾万丈の人生であった。一身のうちに六道を生きたといってもいい。地獄、天上といってもじつはこの世の外にあるものではないのかもしれない。

人間を生きている。人間と生きている。私たちが住まう場はやっぱりそこにしかないんだ。

浄覚に会えてそう思った。いろんな人がいる。いい人も悪い人も。しかし、いい人も悪い人も、みんないい人。国東を歩いているとそう思えるようになるから不思議だ。それはそうだ。いい人も悪い人もみんな仏たちなんだから。

国東のお寺はしずかである。そそり立つ岩峰にあったり、深い森の中にある。だから大自然の呼吸といっしょに呼吸できる。そうしていると肩の力が抜けていく。構えがなくなる。じっと耳を澄ましていると聞こえてくる。語りかけてくる。石仏たちともゆっくり話ができる。仏教のことばに「渓声山色」というのがある。渓谷のせせらぎや山のけしきは仏の声、仏の全身。いかに生きたらいいかをたえず語りかけてくれているというのである。静かな国東の山ふところに抱かれていると渓声山色、ほんとうにそうだと思う。

文殊仙寺はあらためて見まわしてもしずかである。宝篋印塔の台座の前にしばらく端座してみてはいかが。心が落ちつきはじめたころ、語る口をもたない首なしの形代が語りだすはずである。いろんな話を聞けると思う。

修正鬼会

昭和の磨崖仏

こんな話がある。神さまがまだ人間といっしょに暮らしていたころ。

豊後の田染《たしぶ》は景色もいいし、第一に人柄がいい。紀州の熊野の権現さまがそれを知って、そこに移り住もうということになった。それを聞いた田染の人たちはありがたいことだと喜んだ。さっそくご神殿を建て、大好きな小麦粉の団子をたくさん用意してお迎えした。「田染は田どころ、米どころ」と言われて、昔から上等の米がたくさん取れるところだった。うまい米やら団子が食べられるから、田染の人はよく肥えている。

権現さまがおいでになってからしばらくのこと。どこからともなく一匹の鬼がやってきて、住むようになった。鬼もどこからか聞きつけてきたらしい。鬼の一番の好物が、この肥えた人間だった。それを食べようと、せっかく田染に来たのに、ここには権現さまがいらっしゃる。鬼がこの世でこわいと思うのは権現さまだけだった。人間を食うと権現さまに叱られるから、毎日うずうずしていた。

ある日、あんまり人間の肉が食べたいから、鬼は、

「人間を食べらしちょくれ」

と、権現さまにお願いした。権現さまは、

「そんなに、人間の肉が食いたけりゃ、この下の鳥居から神殿の前まで百段の石段をつくれ。ただし、お日さまが西叡山《さいえいざん》に沈んでから朝の鶏が鳴く間じゃ。そうしたら、人間を捕って食うてもいい。もし、それができんかったら、わしがおまえを捕って食うぞ」

と、おっしゃられた。

まっ暗やみに、近所の山から石をさがして運び、夜が明けるまでに百段の石段を築くのだから、とてもじゃないができる相談ではない。権現さまは人間を食わせまいと思うて、こんな無理難題をふっかけたのだ。が、鬼は人間の肉が食べたい一心だから、承知した。

西叡山に夕日が落ちて暗くなると、鬼は近所の山からヨッシャ、ヨッシャと石を運びだした。運び出しては一段一段、また一段と積み重ねていく。真夜中ごろになると、神殿のあたりで、鬼が石を運んで投げる音が聞こえだした。権現さまは不審に思うて、神殿の扉を開けて石段を数えておどろいた。もう九十九段を築いている。下のほうを見ると、鬼は最後の百段目の石をかついでヨッシャ、ヨッシャと登ってくるではないか。

神さまでも、当てのはずれることもある。「まさか」と思うようなことも、世の中には時々あるものだ。鬼が百段積めば、かわいい里の人間が食われてしまう。早くなんとかしなけりゃ大

変と、権現さまは、恥も外聞も投げすてて、

「コケコウーロー」

声高らかに、鶏の鳴きまねをした。

今度は、驚きあわてたのが鬼のほう。

「鶏が鳴いた。もう夜明けか。このままじゃ、わしは権現さまから捕って食われてしまう。早う逃げにゃ」

最後の石段をかついだまんま逃げ出した。夢中で山の中を走り続けたが、息を切らしてひっくり返り、そのまま死んでしまった。

「これで安心。これも権現さまのおかげ。それから忘れちゃならん、大日さまとお不動さまのご加護じゃ」

と、信心ぶかい里の人たちは喜んだ。


鬼の築いた石段は、今も熊野詣での人々の足を支えてびくともしない。鳥居から見上げると、深い林のあいだに大小の自然石が荒々しく乱積みされている。折り重なるように積み上げられた石段の先は樹間にのみこまれて消えている。

加護をたまわった大日さま、お不動さまというのが、六郷満山の顔ともいうべき、熊野の磨

崖仏である。熊野権現社殿の前の大岩に彫られている。大日さまのお顔は端正できびしい。お不動さまは愛敬があってどこかにくめない。鬼の石段を、呼吸を荒げてようよう登ってとつぜん、このあまりに大きな仏さまを仰いだ旅人は、しばしことばを失ってしまう。この二体の磨崖仏は国指定の重要文化財である。わが国最大最古の石仏といわれている。

そのほか、臼杵市や朝地町（現豊後大野市）の磨崖石仏が有名であるが、大分県には磨崖仏

鬼が一夜で築いた石段

が多い。全国の磨崖仏の八割が大分県にあり国東半島にも多い。国や県の文化財や史跡に指定されたもの、町指定のもの、平安、鎌倉、南北朝時代から室町時代と年代もさまざまな磨崖仏が国東にはおはす。そんな中に、昭和に刻まれた磨崖仏が国東町の岩戸寺《いわとじ》地区にある。そこは二十八谷の一つ来浦《くのうら》谷のもっとも奥まったところにある。バスに乗って富来の町を曲がらずに、さらに海岸線を走る。やがて、瀬戸内海に浮かぶ姫島がすぐ目の前にせまってくる。姫島はお盆のキツネ踊りで有名な夢の島だ。そこらあたりを、左に曲がった終点がそうである。その村にはにはその名のとおり、岩戸寺という古いお寺がある。古いお寺だからもちろん天台宗だ。鳥居があり、六所権現があり、国東半島の神仏習合の伽藍配置をもっとも典型的に残す寺院といってよい。

文殊仙寺と岩戸寺は隣り合った谷の詰めにある。だから、山越しで行き来するのが近くて便利だ。境内には、国東でもっとも古く優美で、請花《うけばな》・反花《かえりばな》の蓮華座のととのった国東塔がある。これも国の重要文化財である。が、それより有名なのが修正鬼会《しゅじょうおにえ》だ。鬼と仏と里人が、松明の火の燃えさかるなかで乱舞する祭りは夜っぴて行われる。

鬼会の夜、狭い谷間にこだまする、

鬼はヨー　ライショはヨー

鬼はヨー　ライショはヨー

の囃しは里人にはむしょうになつかしい響きがする。勇壮な祭りなのに心にしみいる掛け声である。

この囃し、この祭りを楽しみに古里に帰る人は多い。この祭りがあるから二年間がんばれるという。古里を遠く長く離れていても、鬼会はいつも原風景として心の中にしっかりと刻み込まれているのだ。帰ればギーやん、ミヨちゃん、と子どものころのままで昔話に花が咲く。

新しい親戚を迎える家もある。嫁入り、婿取りは村の慶事である。本人はおろか両家を通りこして、新しく里人になる人を歓迎する。町内には、庭先に家人が寝静まってから嫁を迎える家には宝の入船を、養子を迎えた家には宝倉を造って祝う行事もある。それほど田舎の付き合いは密だから、新しい親戚もみんなで歓迎である。

観光客も来る。珍しくもありがたい火祭りにはるばる新幹線、フェリーを乗り継いでやってくる。もちろん近在の善男善女もお参りにくる。おちこちのお客さんを迎えて過疎の村もこの時ばかりはにぎやかになる。

帰ってくる人がいる、やってくる人がいるから、身も心も張り切る。待つのが楽しい。迎える準備に精が出る。鬼会の準備は集落総出である。寄り合いをかさねる。そこでは古い人も新しい人も、シンちゃん、マーカッちゃんである。あらたまって苗字で呼ぶと、何人もふり返ってしまう。それほど田舎は同姓が多い。だからみんな仲がいい。安心して生きている。地に足をつけている。

鬼会は仏の里に春をつげ幸せをもたらす行事だが、私にはなぜかもの哀しい。

行き止まりの谷あいに里人は寄り添って暮らしている。つつましくその日送りをしている。

ただ、親が子を子が親をしっかり思い合って、そんな親子がいとなむ家族があり、そのまた家族と家族どうしがいたわり合って生きている。

昭和の磨崖仏も山里のそんな日々の暮らしのなかから生まれたものだ。

それは、だれに知られることもなくひっそりとたたずんでいる。

それは儀一さん方の家の守り神だからだ。だれからも知られていないが、儀一さんの家では熱心に拝まれている。

昭和十五年に刻まれた磨崖仏は、等身大の観音さまである。昭和十五年といえば、大東亜共栄圏建設の真っ最中。日本は日中戦争からいよいよ太平洋大戦に突入しようとしていた。ハワイの真珠湾を奇襲攻撃したのが、翌年の十二月八日のことである。国民はこぞって我慢と犠牲を強いられ、戦争に協力させられていた。

そんな時代である、この磨崖仏が彫られたのは。儀一さんの父忠良さんは、どういう願いを込めてこの磨崖仏を彫ったのであろう。観音さま、観世音菩薩は救いの神である。この世に生きるすべてのものの苦しみの声、救いを求める声を聞くと、ただちに手をさしのべてくれる仏さまだ。

「念彼観音力、ネンピーカンノンリキ」

と観音さまのお力を一心に念ずれば、三十三身に姿を変え、いかなる苦悩災害、不安や恐怖もとり除いてくれるという。

忠良さんは、何を観音さまにおすがりしたのだろう。やはり、時代の求めるものだったのだろうか。すなわち、武運長久、戦勝祈願であろうか。じつはそうではなかった。つくせぬ感謝の思いを観音像に込めたというのである。

儀一さんはかぼそい産声しかだせない虚弱児として生まれた。取りあげた産婆さんの顔も曇りがちだった。

「いくつまで生きられることやら」、と若い両親の心配は絶えなかった。虚弱の身体に次から次にいろんな病気がおそった。ときには二つ三つの病がどうじに襲ったときもある。

苦しみを訴えられるたびに父と母はおろおろするばかりであった。小さな体で必死にがまんしている姿はいじらしく、それを見るのはいっそうつらかった。病弱のまま小学校へ入学した。あいかわらず種々の病は身体から離れてくれなかった。学校を休むことが多かった。両親の胸はかきむしられ心やすまるときがない。生死の境をさまようときもあった。生死の境にあるときは、ただ祈るばかりであり、恢復すればただただ感謝するばかりであった。あとで思えば奇跡としか思えない恢復だった。

儀一さん方と狭い田んぼを隔てた向かい側の山腹に岩戸寺がある。長くはない急な石段を上ると小さな一対の石の仁王がにらんでいる。在銘のものとしてはわが国最古のものである。仁王の山門を抜けるとなだらかな参道がしばらく続く。右に道をとると本堂、庫裏にでる。鳥居をくぐってまっすぐ上っていくとまた鳥居がある。国東塔を右に講堂を左にしてさらに石段を登りつめると薬師堂がある。岩屋のお堂にはもちろん薬師如来が安置されている。その薬師堂を右にまわった一番奥の岩屋に子安観音がござっている。

忠良さん夫婦はこの観音さまにおすがりした。子安観音は縁結び、子授けの仏さまであるが、なんといっても安産、子育ての観音さまである。奥さんは嫁入りしてから、毎月十八日の縁日にはお参りを欠かすことはなかった。身重になっても、安産をお願いに長い石段をゆっくりゆっくりいくどとなく登った。産まれてから後はいっしょにお参りすることもあったが、忠良さんがとって代わった。

「妻は命がけで出産の大事をはたした。あと、立派に育てていくのは男のつとめだ」

と忠良さんは思っていた。生死の境をさまようときは、子安観音に出かけてお百度を踏んだ。一番鶏の鳴く前の暁闇《ぎょうあん》のときもあった。仕事につかれた体を運んで、深夜におよぶときもあった。石灯籠の常夜灯の明かりをたよりにそれは数日、数十日におよぶこともあった。

「オンアロリキャソハカ　オンアロリキャソハカ」

森閑とした広くさびしい境内を真言が響きわたった。その声はわが家で必死に看病を続ける妻の耳にもたしかに響いて聞こえた。

「オンアロリキャソハカ　オンアロリキャソハカ　どうぞわが子の命をお助けください」

「オンアロリキャソハカ　もし、元気になったら、オンアロリキャソハカ」

忠良さんは必死に観音さまに願をかけた。もし、元気になったらあの子とおなじ大きさの観音さまを刻んでお礼をします、と。

観音さまは、父親の必死の願いを聞き届けてくれた。おかげで儀一さんは元気に成人することができた。忠良さんは願掛けを肝に銘じて忘れることはなかった。さいわい近所に住む腕利きの石工にたのんで、お礼と感謝の気持ちを観音さまのお姿に刻んでもらった。

自分の命と代われるものなら代わってやりたい。口では言えない辛酸の極みをつくした忠良さん夫婦には、もはやわが子よその子という区別はなかった。村の子がみんな元気で、と祈らずにはいられなかった。おおっぴらにはいえないが、若い命、どうぞ生きて帰ってきてと願わずにはおられなかった。そんな気持ちが込められた観音さまであった。儀一さんが二十歳、昭和十五年のことである。それから、磨崖の観音さまは儀一さんの健康を見守り、一家の安全を見守り続けている。もちろん里人の平安も見守ってござる。

また今年も、鬼夜がきた。磨崖の観音さまが里人の生活を見守りはじめてちょうど五十年になる。

鬼夜とは国東半島の天台宗のお寺で古くから行われている正月の伝統行事である。正しくは修正鬼会《しゅじょうおにえ》というが、里人はオニヨ、オニエといっている。いつごろから行われているかよく分からない。鬼会だけでなく、概して国東のことは分からないことが多い。多いけれど、二十八谷のあちこちで独特の行事が何百年にわたって受け継がれている。やはりこれも仁聞菩薩によってはじめられたと、里人は信じて疑おうとしない。「追儺《ついな》」と「修正会」が合わさったようなものといえばいいだろうか。

中世の状況はつまびらかではないが、江戸時代までは国東では六郷満山の天台宗二十八本寺すべてで盛んに行われていた。が、その後満山の衰退もあり一寺で行うのは困難になった。多額の経費と人手を必要とするからである。さらには鬼会の舞台でもある講堂の焼失、世界を相手の戦争の暗い影も加わり、戦前にはほとんどその灯を消した。現在その法統を守り伝えているのはわずかに天念寺、成仏寺《じょうぶつじ》、そしてこの岩戸寺の三カ寺のみである。その岩戸寺でも昭和十八年から二十五年の戦中戦後の混乱期に中断せざるを得なかった。復活に要した七年間を長いとみるだろうか、短いと思うだろうか。天念寺では毎年だが、岩戸寺と成仏寺では組になって一年交替で行なっている。

ところで、鬼のことだが、昔から鬼は人々に恐れられてきた。人間に災難や危害をもたらすものであった。目に見えない物の怪であったり、恐ろしい形相の怪物であった。あるいは、鬼は帰《き》に通じ死者の霊魂であり、おそるべき神であるという説もある。地獄には奈落に落ちた亡者を苦しめる鬼がいる。人の形をし、角と牙があり口は大きく裂けている。牙があり口が大きいのは人を捕って食うからだ。田染の熊野の鬼も人を食いたいと権現さまに申し出た人食い鬼であった。

鬼退治や鬼封じといった話は全国各地に伝わっている。しかし、国東の鬼会の鬼は人間に悪さをする鬼ではない。反対に悪鬼魔性を払ういい鬼なのだ。仏さまが鬼に姿を変えて、国家安穏、五穀豊穣、万民快楽、息災延命を祈るというものである。岩戸寺では、恐れられ、忌み嫌われて追い払われるどころか、オンサマ（鬼さま）、オンサマと親しみを込めて呼ばれる。

新年を迎えて、災いを除き福を招来する仏さまが変身したオンサマである。だから鬼になる役は僧侶である。はげしく乱舞し夜を徹して村々を駆けめぐるから若くて元気のよい僧侶でなければならない。それだけではない。鬼になる僧は阿闍梨の行法を修めた法力のあるものでなければつとめることはできない。それにはわけがある。

昔、ある僧が荒鬼になり、鬼走りをするとまるで鬼の精が乗り移ったかのように激しく暴れまわった。ついには結界石（鬼止め石）を越えて村境まで走り狂ったはてに死んでしまった。そのとき付けていた鬼面は、はるかに伊美の権現崎まで飛んで岩に食らいついた。だから岩戸寺の荒鬼はほんらい三体あるべきが、災払鬼《さいばらいおに》と鎮鬼《しずめおに》の二体だけになった、といわれている。

また、長安寺では結界を越えて躍り出た鬼が、本当の鬼になってしまったので首をはねられたという。以来相当の法力を積んだ僧以外にはまかせられないのである。天念寺の鬼会では結界を越えて出ることはないが、岩戸寺、成仏寺では荒鬼が村内に走り出て民家をまわり、加持祈禱をする。

「今年の初寄りは長くなるぞ」

と、敏さんは言い置いて、出かけていった。

今でも、区集会、集落会議といわずに寄り合いという人のほうが多い。村では共同の事業や一斉作業がたくさんある。みんなで納得いくまで話し合って、その取り決めにはみんなでしたがう。だから、寄り合いはとても重要な議決機関だ。その年初めての寄り合いを初寄りという。一年間の岩戸寺地区の行事や会計が話し合われる。今年の初寄りはそれに加えて、鬼会のことが議題にあがる。

敏さんは岩戸寺集落に婿入りしてきた。高校の先生をしているから、今までは遠方の学校で、集落の行事に顔を出すことはほとんどなかった。転勤して近くの学校に通うようになってから、もう十年がすぎた。義理の父母といっしょに住んでにぎやかになった。奥さんと三人の娘さんがいる。若い家族が帰ってきて村の人は喜んだ。

若者は減ってお年寄りばかりが増えるこの村の集会もやはり、お年寄りばっかりだ。五十、六十のいい歳をした者も、若いもんといわれる。寄り合いで座るのも末席だ。しかし、今年の初寄りには敏さんが出るといった。ようやく戸主の自覚がでてきたのだろうか。寄り合いは型どおりに進められる。敏さんには初めてであったが、進行には暗黙のこまやかな配慮やカタチがあるようである。ここで、だれがこう言って、こうなったときにはあの人がこう言う。それで最後はうまく収まる。が、無駄なくよどみなく進むというわけではない。ときには議題そっちのけで話に花が咲く。とりわけ、鬼会の話になると脱線する。

若いもんはおらん、年寄りばっかりじゃ。昔はこうじゃった、ああだった。どうなることやら、これから先は。と、懐旧談をひとしきりしたり、まだ来ぬ先のことを心配したりする。

元気のいいことばはあんまり出てこない。鬼会で焚く大松明は昔は七組七本であった。それが、六本に減り、今では四組四本になってしまった。しかし、鬼会をやめようという人はだれもいない。

大松明をかつぐ人をタイレシという。鬼の介錯もする重大な役目で、かつては七組中、一番から四番まではタイレシを出す家が決まっており、その家を株主といった。今では各組内で一名ずつ順番受けになっているが、今でもタイレシになることを誇りに思っている人は多い。

「鬼会はできん」

とはだれも言わない。今年も実施が決まった。実施が決まれば、次は各戸からのお金とお米の出し前の相談である。鬼会は本来、寺の行事として行われてきた法要であり、当然檀家の相談事である。しかし、岩戸寺ではそうしていない。経費を祈禱料として村にお願いしたり、タイレシなどの諸役の多くは村の奉仕によって賄われることから、村の行事として初寄りの重要な議題であった。

会議が終わると、今度は新年宴会だ。寄り合いは区長の家で行われたり、村の集会所であったりする。区長や会計などの諸役が世話役となって宴会が始められる。鬼会の初寄りはいつにもましてにぎやかになる。

「敏さん、今年はあんたタイレシじゃなあ」

そういうわけだったのである。初寄りに文字どおり、初めて敏さんが出るといったのは。

「そうじゃ、なぁーんもわからんけど、よろしゅ頼むで」

お神酒《みき》のせいで幾分口もなめらかになって杯を差した。

「そうじゃ、そうじゃ。だけど、コーリトリ（垢離《こり》取り）ばかりはまいるなあ」

鬼会の話になるとたちまち人の輪ができる。身ぶり手ぶりが加わってにぎやかになる。敏さんは鬼のように赤くなった顔で、

「これで村の仲間入りができる」

と、何度も一人でウンウンとうなずいていた。

鬼会は毎年旧正月の七日に行われる。実施が決まると一カ月前から準備は始まる。鬼会でもっとも重要な役である「年《とし》の勘定《かんじょう》」や賄い方、給仕などの役割分担を決める。法式をしっかり覚えるための練習日も決める。タイレシは組の人たちの加勢を受けて松明の材料を割って、軒下などに立てかけて乾燥させる。松明をしばる藤かずらも用意しておかねばならない。なにしろ松明は鬼会の花である。鬼と火が乱舞する祭り、それが鬼会だ。大松明に火をつけて立てるタイアゲの儀式は火祭りのハイライトといっていい。

前日は準備におおわらわとなる。大松明は火口《ほぐち》の直径八十センチ、長さは五メートルの大きなものである。直径五センチほどの藤かずらで火口のほうへ広がる中ほどを縛りつける。そして松明の竿の部分を十二カ所、閏年は十三カ所、小さなかずらでしばる。この十二カ所、あるいは十三カ所かずらでしばるのは荒鬼のからだを縛るときも同じである。大松明はたんなる明かり取りのためのものではない。集落内の各組が祀る神仏から大権現への献灯という重要な意義が込められているから、しめ縄、御幣、樒《しきみ》の小枝で飾られる。その他法要で使う大小の松明

を作る。鬼の草鞋を作る。香水棒《こうずいぼう》も作る。

そして餅つきの準備にとりかかる。大きいものは縦六十センチ横四十センチ厚さ一センチに平らに伸ばした鏡餅二枚、法要に使う直径二十センチのお餅六個、直径五センチほどの小餅三〇八個（閏年三三三個）、これは竹串に刺して壇上にお供えする。鬼会が終わったあとは、御札とともに集落全戸に配られる。そして、これと同じ大きさの小餅を作って目覚まし餅にする。二、三個ずつ竹串に平らに刺して胡椒味噌をぬって焼く。「長いのは鬼会の勤行《ごんぎょう》」というくらい、長い長い読経の途中で僧侶にさしあげる。いわゆる眠気さましの餅である。今ではお参りの人たちにも配られ、鬼会餅としてちょっとした国東名物である。とにかくたいへんな作業である。旧正月といえば新暦二月の一番寒いときである。お神酒を飲んで中からあったまらなければ作業もはかどらない。かといって飲み過ぎてもうまくない。手は休んで口ばかり動かすことになる。にぎやかな笑い声がどっとあがる。

敏さんもいっしょに笑いながらがんばっている。ついのすみかであるこの岩戸寺集落に引っ越したとうざは心配の種もなかったわけではない。が、三人の娘さんたちもそれぞれみんながんばっている。娘さんたちに託す夢もあるが、自分の道を見つけて元気であってくれればいいと思っている。三人はみんなお父さんやお祖父さんとおなじ先生と呼ばれる仕事をめざしている。中の娘さんは学校ではなくお医者の先生だが。下の高校生の娘さんもお姉さんたちに負けないように勉強中である。

「しかし、三回も花嫁姿を見なきゃならんが、たまらんなあ」

涙もろい敏さんは、そう思っただけでももう鼻のあたりがツーンとしてきた。

「親に似合わんいい子にみんな育ってくれた。これも、オンサマのおかげじゃ」

いっそう準備に精を出した。

来浦富士から吹きおろす風は雪まじりだったが、敏さんにはちっとも寒くなかった。


旧正月の七日、祭りの当日。早朝よりお寺に集まる。それぞれの役割にしたがって作業開始。昼すぎになると、近隣の和尚さんが集まってくる。和尚さんは到着の合図に法螺貝をふく。寺のほうではこれに応じて年の勘定が迎えの鐘を鳴らす。やがて読経が始まる。

早めに夕食をすませ、お父さんの晴れ姿を見ようと、三人の娘さんたちはそろって出かけた。本堂前はもうぎっしりの人だかりであった。小さいころから何度もお参りやら遊びにきた檀《だん》那寺《なでら》だ。スルスルと人垣をかき分けて本堂にあがりこんだ。ちょうど「盃の儀」が行われていた。日ごろ元気がいい怖いものなしのお父さんが神妙にしているのがおかしかった。

黒い頭巾に「鬼」と書いた白い鉢巻をしめている。首に藤かずらを細く割いて輪にした袈裟《けさ》をかけ、正面に向かってあぐらをかいて座っている。背中にも「鬼」と書いた白い半纏《はんてん》をまとい、白ズボン、脚絆に、白足袋、草鞋履きのままである。須弥壇《しゅみだん》のご本尊を背にして、岩戸寺の和尚さんは今日はまばゆいばかりの御衣をつけている。おおぜいの和尚さんをしたがえて、お父さんたちと向かい合っている。

「今日は岩戸寺の和尚様が儀式をしきる院主の役なんだな」。和尚さんが八人のタイレシ一人ひとりと盃を酌み交わしていく。二人の給仕がうやうやしくお神酒をつぎ、盃をはこんでいる。タイレシは盃を飲み干すと院主のもとに盃をもっていき、院主からコンブを白紙に頂戴して座にかえる。そのくり返し。

「あっ、お父さんの番がきた。あいかわらずすましてる」。座にかえると正座し、額を畳にすりつけてお辞儀をしたままである。「八人のタイレシが終わり、さらに区長さんと年の勘定さんが終わるまで、そのままの姿勢だなんて、お父さん、たいへんそう。しかし、盃の儀はたいせつな儀式だから仕方ないか。院主とタイレシが盃を交わして縁を結び、コンブはお守りだって。院主がタイレシ一人ひとりにしんを入れて、鬼会がつつがなく終了することを祈る厳粛な儀式だから、がまんがまん」と、やじ馬三人娘だった。

敏さんはぬかずいたまま、いろんなことを考えていた。

「さっきのコーリトリはなるほどまいった」

コーリトリとは垢離取りのこと。年の勘定と八人のタイレシが水垢離を取ることで、仁王門前を流れる谷川の淵につかって身を清めるのである。松明をもち塩をもって、順番に精進潔斎し、仏と鬼と交感する準備の儀式だ。新品のフンドシ一つで歩くのも寒いが、氷が張りそうな大寒の川淵に体を沈めたのだ。身を切られるようだった。

額を本堂の畳にすりつけ、五体投地の姿勢をとり続けていると、不思議なことに次から次に

法螺貝の合図を聞くタイレシ

謝ることが浮かんできた。そしてお願いごとも起こってきた。そういう格好をしていると不思議とそういう気持ちになってくるものだ。鬼の面をかぶると本当の鬼のようになるのと同じだ。頭を丸めれば俗気がなんとなくはがれ落ちたような気がする。坐禅もまず形から入るのだという。

「しかし、これまでの人生で、こんなにひたすら額をすりつけて拝み続けるということがあったろうか」

「妻にも迷惑をかけたな。娘たちにとってもあんまりいい父親ではなかったな」

お辞儀の姿勢を続けていると、懺悔と感謝と祈りの数々がふつふつと敏さんの心にわき起こってきた。

敏さんは、負けず嫌いで、がんばりやだった。いつも前を向いて走り続けた。

「肩ひじを張りすぎたかな。一歩退くところがなかったな。大きいもの、強いもの、美しいもの。そして、不安や、苦しみや、挫折やらに、すなおに畏《おそ》れおののいて、こうしてこうべを垂れたことがあったかな。そういえば人に頭を下げるのも苦手だったような気がする」

水垢離取りで、人生の垢《あか》が取り落とされたかのように、すっきりした気分でぬかずき続けた。

「もちろん自分のためにがんばってきた。しかし、だれかのために頑張っているときが一番一生懸命だったし、楽しかった。張り切ってがんばってこれたのも、そうか、みんなのおかげだったのだ。もったいない」

と妻や娘たち、そしてみんなに対して感謝の気持ちがわいてきた。

「どうぞ娘たちが幸せでありますように。そのためなら、ずうっと祈り続けてもいい。そして、やっぱりみんなも幸福であってほしい。そうでなければ娘たちの幸せもないような気がする」

そのとき敏さんは、永遠に額をすりつけ祈り続けてもよいと思っていた。照れやてらいもなくそう思っていた。妻や娘たちの幸せのために、みんなの幸せをこうしていつまでも祈り続けたいと思っていた。いやそうではない、みんなの幸せのために、娘たちの幸せを祈り続けたいと思っていた。

年の勘定がコーリトリのとき汲んだ閼伽《あか》水を、タイレシの頭にふりかけた。院主はタイレシ一人ひとりに五色の御幣でしんを入れた。法螺貝の合図でいっせいに境内に飛び出る。

松明に火をつけた。

四本の大松明が仁王門から一の鳥居の間に立ち並んださまは勇壮である。メラメラと火炎は冬の夜空を焦がす。院主と僧侶たちは印を結び九字を切って、般若心経をとなえる。心経が終わり法螺貝が鳴って、一番から順に薬師堂の前までかついで登る。途中、鳥居横の石垣に火口を一回、二回とぶっつけた。火の粉が飛び散る。さらに火は燃えさかり、法螺貝の低い音が闇に包まれた谷あいの村にこだまする。四番松明が講堂の前に立ち終わると、ふたたび印字を結び心経をとなえる。

松明は六所権現前にかつぎあげられた。献灯の儀式だ。松明の火を左に三回、右に三回まわし、上下に三度あげおろしをする。火による悪魔払いや虫よけの儀式だともいわれている。

勇壮で幽玄なタイアゲがすんで院主、僧侶、区長、年の勘定は講堂に入った。法要の式次第ともいうべき差定《さじょう》にしたがって鬼会の行法が開始される。長い長い勤行は、仏教音楽ともいわれる声明《しょうみょう》ではじまる。まずは、道場に降臨されたもろもろの仏さまや神さまを讃える。そして、朗々と唱和される声明によって、人々はこれまでの悪業を懺悔し六根を清浄にして、この法要に参加するための身と心を調えるのである。

さらに国家安穏《あんのん》や五穀成熟を祈願するお経。万民豊楽や外朝《がいちょう》安穏を祈願するお経や、この世に現れた千の仏の威徳を称えるお経などが絶え間なくとなえられる。ときに笛、太鼓、鉦の囃子《はやし》とともに読誦《どくじゅ》されたり、二人の僧が太刀や香水棒を持って、鈴を振りながらの踊りがあったりする。

外はしだいに更けていき寒気が増していく。が、講堂内は反対にぞくぞくとつめかける参詣者でむんむんしてくる。お経の間に眠気さましの鬼会餅が僧侶と参詣者にふるまわれた。

差定が「米華《まいけ》」にすすんで様相が変わる。それまでの読経中心の静かな流れから、立役という動きが主になった。僧侶は軽装に着替え、堂内は幕がはずされ敷物もあげられた。荒鬼の登場にそなえるのだ。そのとき二人の僧がミッタマ、ヒッタマという鬼の目ん玉ともいわれる二つの餅を堂内にほうり投げ、白米や藁《わら》を撒《ま》いた。善男善女が争ってこれをひろうろった人は無病息災、白米や藁をひろった人は五穀成熟が約束されているのだ。あるいは、藁は頭にまけば頭痛が、腰にまけば腰の痛みがたちまちに治るともいわれている。鬼の目ん玉をひろった家では親類縁者を招いて祝宴を張った、という話も残っているほどだ。

「香水の法舞」が終わると、いよいよ荒鬼の登場である。あらためて四方固めをしたあと、まず鈴鬼が優雅に舞いはじめる。鈴鬼は仏の慈悲を象徴したものといわれるから、その表情、法舞は柔和でやさしい。男女一対の鈴鬼が御幣と鈴をもって舞い、最後に「鬼招き、鬼招き」と鬼を招いて退場していく。

それに応じるかのように満を持しての荒鬼の登場である。岩屋でタイレシの介添えによってすでに装束を整えている。麻布の半纏と股引《ももひき》を着け、白足袋にゴンゾウワラジを履いている。頭は菖蒲を結って怒髪になぞらえる。腕、胴、腰を松明とおなじように藤かずらでしばり、背中に鈴を結びつけている。災払鬼は右手に斧《おの》、左手に松明、鎮鬼は右手に木刀、左手に松明をもち、講堂の本尊前にすすみでる。緊張の一瞬である。クライマックスを迎えて堂内はざわめく。

院主が口に含んだ水を鬼面に吹きかける。清めを受けておもむろに娑婆世界に出てくるシコ（動作）をする。身体の虫を払い落とす、武者ぶるいならぬムシブルイがおもしろい。鬼は左右に跳び、前後に跳ね、回る、鬼走りという秘法をくり返す。そのとき、里人にはなつかしい「鬼はヨー　ライショはヨー」の囃しが鬼とタイレシによって大声でとなえられている。

鬼とタイレシが手をつないで、一つの輪をつくった。参詣者はぞろぞろとその下をくぐり、内陣に折り重なるようにして屈みはじめる。待ちに待った祈禱を受けるのである。般若心経がとなえられる。鬼とタイレシは松明をかざし手をつなぎ、回りはじめる。そのとき、取材中のテレビライトとともに一瞬まぶしくカメラのフラッシュがたかれた。

お経が終わり、鬼は松明の尻で参詣者の肩や背中をたたきはじめた。多くの人が待ち望んだ瞬間である。この加持を受けるため、交通不便なこの山里に早くから出かけ、もう深夜の零時を過ぎようとする今の今まで待っていたのだ。合掌する手に思わず力がこもる。

祈禱を終えた鬼は勢いよく講堂から飛び出ていく。六所権現に駆け上がり、ふたたび講堂前の広場に駆け下りるときの形相はすさまじい。それはまさに鬼気迫るはげしさで、初めての参詣者は恐怖におびえるほどだ。暖をとるための焚き火を蹴散らし、松明の火の粉を振り回して暴れまわる。本当に鬼になってしまって首をはねられたという話が信じられるほどだ。逃げまどう人たちの喚声や悲鳴が境内の闇をふるわす。ごったがえす人々の間を大暴れして荒鬼は寺より駆け出ていった。四段、五段と石段を飛び越して駆け下りる鬼を追ってタイレシも後を追う。そのための背中の鈴である。背中につけた鈴の音と、松明の明かりを頼りに追っかけ、鬼が暴れないように介添えするのである。

そのころ、儀一さんの家では法螺貝の音を聞いて、

「ああ、今、オンサマはお寺を出なさった」

と、お迎えの準備にとりかかった。儀一さんはおかげで還暦を迎えることができたことを感謝している。いろんな思いが交錯する今年の鬼会であった。

昔は岩戸寺の全戸を廻っていたが、今は前もって申し出のあった家だけである。区長と年の勘定の家にだけは必ず行く。オンサマが到着したのは午前二時をまわっていた。一行は戸口に並んで、

鬼はヨー　ライショはヨー

鬼はヨー　ライショはヨー

をくり返しながら鬼走りをする。

鬼は草鞋履きのまま座敷にかけ上がり、まっすぐ仏壇に向かう。ロウソクを灯し線香を上げ読経する。その後、酒肴《しゅこう》をふるまうのだが、儀一さんは、その前に奥の部屋にオンサマを案内

した。

そこには、九十歳をとっくに超した忠良さんが床についていた。もう、寝たきりで、オンサマをお迎えすることもできない。儀一さんは、今度は自分の番だ、と思っていた。自分のために願掛けして、観音さまの磨崖仏まで刻んでくれた父である。おかげで健康で幸せな家庭に恵まれた。孫までいっしょに同居している。今夜は親戚のものも大勢あつまってにぎやかだ。もったいない、ありがたい。と、介護も妻まかせにせず下の世話までしている。ちっとも苦にならないし、当たり前のことだと思っている。寝たきりでもいい、長生きをしてほしい。そして、少しでも長く世話をさせてほしいとオンサマにご加持をお願いしたのだ。オンサマは腹の底からしぼりだすような声で、

「ギャーテー　ギャーテー　ハーラーギャーテー　ハラソーギャーテー　ボージーソワカー」

と、忠良さんのあちこちに数珠を当てながら、息災延命を祈禱した。忠良さんは、オンサマと儀一さんを交互に見やりながら、手をすり合わせてなんどもなんどもうなずいている。

タイレシも呼び入れて、心づくしの膳《ぜん》についてもらった。

「あら、若センセ。今晩はおごくろじゃな」

奥さんがタイレシの敏さんに酒をすすめる。

「じいさんな、元気になるで。なんちゅうてんオンサマのお加持を受けたんじゃからなあ。

再来年はタイレシじゃ」
「アッハッハー　ほんと、そうなってくれるといいがなあ」
みんなで大笑いした。おばあさんが、三歳になる孫娘を抱いてオンサマのところにやってきた。オンサマが数珠を頭に置いてなでてやると、火がついたように泣きだした。それがおかしいと、また大笑いした。可笑《おか》しいおかしいと笑いながらみんな目じりを拭いていた。
鬼はヨー　ライショはヨー
鬼はヨー　ライショはヨー
だんだん遠くなっていく声とゆれる火を見送りながら、
「ああ、今年の鬼夜も終わった。再来年もまたおいでてもらおう」
と儀一さんは手を合わせた。
ずうーっと目を細めてながめていた磨崖の観音さまも、そのときウンウンと何度もうなずいていた。
鬼はヨー　ライショはヨー
鬼はヨー　ライショはヨー
また、今年も鬼夜がやってきた。敏さんの三人の娘さんは、その声を家の中で聞いていた。

お座敷には、鬼夜の写真が飾られている。松明をもってお父さんが荒鬼と手をつないで輪になっている。その横には一人だけで写った、黒い飾りの写真があった。

四十九歳の若さだった。はげしく生きて落ちつく間もない死だった。しかし、その死を無駄にはしなかった。病魔に侵された自分の体を、中の娘さんを思って大学病院に献体した。

まだ、お寺まで鬼会に行く勇気はだれもない。家で聞くオンサマたちの声は悲しかった。

「お父さんは、オンサマのお手伝いをして、みんなにお加持を与えてまわったけど、自分はお加持をもらわんままやったね」

娘さんの一人が言った。

「そういう人じゃったんよ。お父さんは」

奥さんは、写真を見上げながらそうつぶやいた。

そうして敏さんは娘さんたちの花嫁姿に一回も立ち会わずに往《い》ってしまった。しかしきっとそのときには「このほうが涙を見られんでいい」、そう強がりながら食い入るように見ているにちがいない。そして気ぜわしく今度は初節句の心配をはじめることだろう。

武蔵町の丸小野《まるおの》というところに、子ども修正鬼会というのがある。峰入りのさい必ず立ち寄る霊場、丸小野寺の住職が院主をつとめ鬼は六人の子どもたちである。といってもそれは、座元の家と付近の里山にあるお稲荷さまを祀る大石の前で行われる。平成十三年は二月七日に催された。この年は新世紀初ということとあわせてうれしい鬼会となった。

はじまりは江戸の天保年間といわれている。天保といえば、文殊仙寺の浄覚が大宝篋印塔建立に奔走していたときである。この地も大飢饉であった。伝染病がはやり、子どもが相次いで死んだ。村に後継者がいなくなることを恐れた村人は、丸小野寺の鬼会を模して子どもたちの無事長生と五穀豊穣を祈った。村のあるかぎり祈り続けようという誓いを、今日まで守り続けているのである。大人たちは大松明をかついだり、雑役をつとめたり、鬼さまの手伝いに徹底する。

しかし、丸小野の仲西、柿園地区二十五戸で守り続けるのは容易なことではない。やはり、子どもがいない。鬼会の儀式は如法に行われる。鬼は代々男の子の役目だが、現在地区に男の子は五人しかいない。院主のとなりに座るお小僧役も一、二歳の男の子の役目だが、最近は女の子がつとめている。

さびしい村になんと、昨年十年ぶりに男の子が誕生した。新世紀幕開けの鬼会はさっそく、まだ、四カ月の赤ちゃんが世話役に抱かれてその役をつとめた。新緑皐月《さつき》のころには丸小野の空に鯉のぼりが悠然と泳いでいるだろう。村人のよろこびはさぞかしと思う。

岩戸寺と丸小野の修正鬼会。鬼役に阿闍梨と子どもの違いはあるが、集落全体として行うところはおんなじ。いちずに親が子を思い、子が親を思う家族があり、そんな家と家とが寄り添い支え合って生きている。そしてひとしく無事息災と五穀豊穣を祈っている。いつまでも続いてほしいと思う。

小さな旅

路傍の石仏

私はひと夏、息子と托鉢行脚の旅をした。旅というほどの大袈裟なものではない。気まぐれに、喘《あえ》ぎあえぎ歩いた三日間である。

平成のその夏は記録的な暑さだった。私は十歳の息子と二泊三日の托鉢《たくはつ》行脚の旅に出た。托鉢に出ると決めてからいろいろと洗脳した。

たとえば五月の誕生日、

「おまえも今日から十歳だ。ずっとこれから死ぬまで、二ケタの年齢が続く。九歳までの一ケタとちがってもう大人だ。だからこの夏修行に行く」

という具合である。

七月十三日のテレビは効果的だった。その日の番組紹介欄にはこうあった。

「パパは君のそばにいる・オクラホマに帰ったランディ選手

弱小球団を優勝にみちびき、二年連続三冠王という輝かしい記録を達成したB・W・ランディ。大活躍のさなか突然、日本を去った彼は今、米、オクラホマで農業をして暮らしている。日本を去ったのは、息子のザガリー君の病気が原因であった。手術した脳腫瘍が再発すれば命の保証はない。彼は病気と闘う息子とともに生きることを選び、野球人生を捨てた。ランディのその後を追う」

息子も私も感動した。もちろん家族の者も。長女は途中、気を利かしてタオルを取りにいった。私がいつもテレビを見て泣くからである。そういう場面になると、家族の者はテレビを見ないで私の顔のほうを見る。

ラストシーンを見て、七歳の妹は、

「お父さんとトモ君みたい」

と言った。

夕日の中、ザガリー君と肩組みしているランディ父子の姿は印象的であった。野球少年の息子も野球のことではなく、父と子のドラマに感動したようである。

托鉢は修行である。朝のうち、その日食べる分だけのお米を人家の軒先に立って乞う。つまりコツジキ、乞食をするのである。わがままで人一倍はずかしがりやの私たち親子にとっては、人前で物を乞うなどとてつもない難行苦行であり、決死の行為である。

息子もそうだろうが、私も「お寺の子」と言われるのが小さいころからとても嫌だった。「坊主憎けりゃ……」とか「坊主まるもうけ」とか、とかく坊主という語にいい意味はない。辞書には「他の語に添えてあざけっていう語」とさえ出ている。仏教の出てこない日本史はない。そのたびに首うなだれて、じっと息を殺して身を潜めていたものである。

初めてその自分が墨染めの衣を着て人前にでたときの恥ずかしさは忘れることができない。息子は「野宿する」ではなく「キャンプする」ということばに惹かれたのか、同行を決心した。

記録ずくめの猛暑の七月、二十三日の朝六時に出発した。

私の寺は平六どんの池から三キロ、泉福寺より一・五キロほど下ったところにある。泉福寺直末五院の一つであるが、それだけがとりえの、他にはなんにもない小さなお寺である。だから曹洞宗になる。静かだった境内も、『町史』によると「総面積四五〇坪だが、裏を通っていた県道が、最近境内の中央を横断することになり、昔日《せきじつ》の面影は全く失われ、古風な石仏や庚申《こうしん》塔が中断された旧参道の両側に立つという変な風景」になっている。

境内にバス停がある。ときどき観光バスが止まって、車内にいながらにして石仏見学をしている。最近は車が多くなって石の仏さまたちもビックリしているようだ。車で行けば一時間半もあれば着いてしまう、大分市の新興住宅団地が今回めざす旅のゴールである。妹夫婦の家である。仲良しの従弟に会いにいくというのも目的というか、洗脳の一つであった。

旅の衣装を整えてすっかり準備ができたにもかかわらず、息子はなかなか踏んぎりがつかないようである。おばあちゃんや妻になだめられたり励まされたりしている。が、玄関を出たり入ったりどうにも決心がつきかねている。私は知らん顔して一人で歩きはじめる。途中まで妹に見送られてやっと思い切りがついたよう。走って追いかけてくる。内心ひやひやだったがホッとひと安心する。子どもなりによほどの覚悟をしたようである。自分のことのようによく分かる。

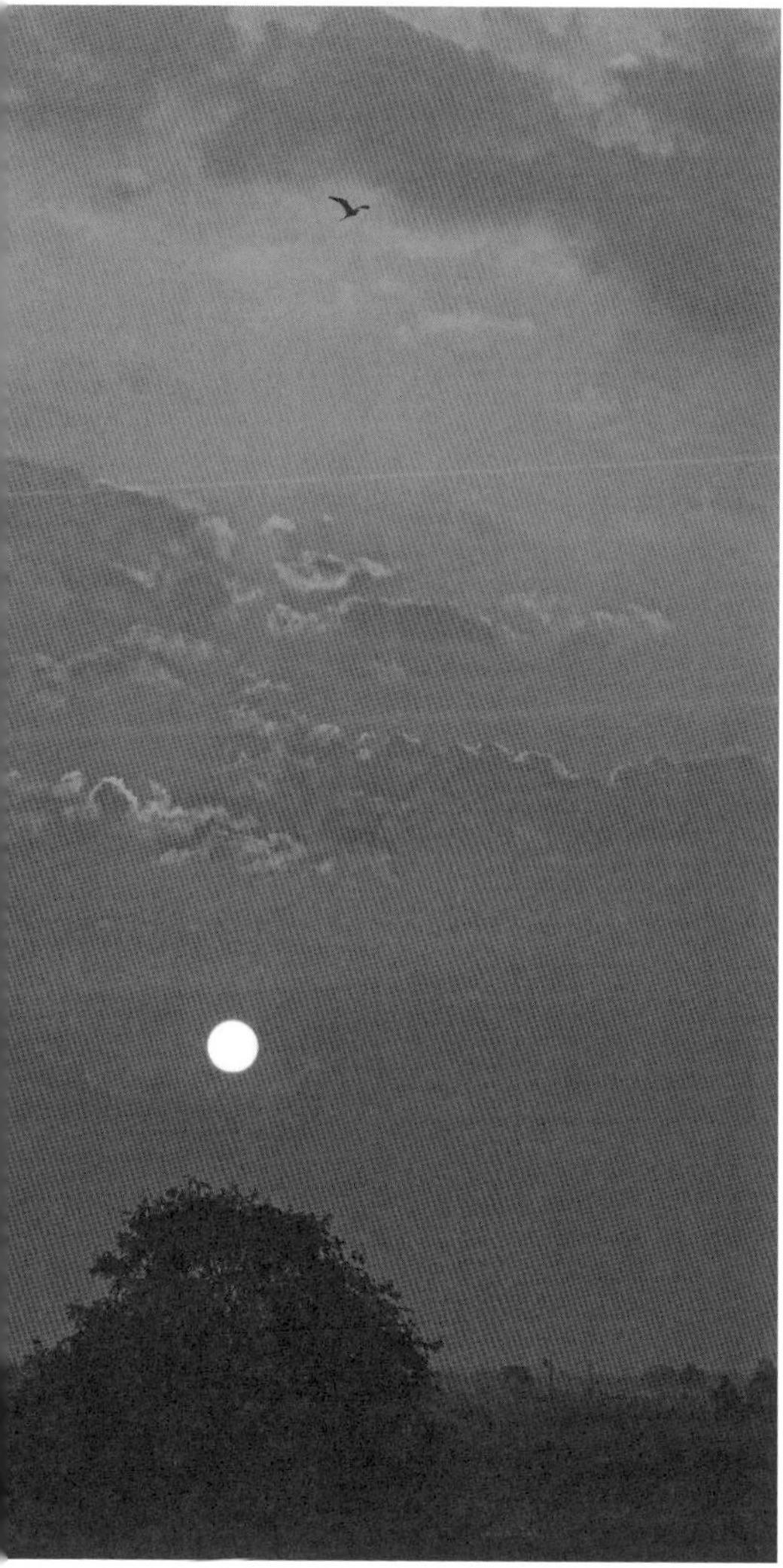
弥生のムラ安国寺集落遺跡付近の朝焼け

せっかく追いついてきたのに、

「いいか、一生懸命お願いするんぞ。お願いしてお米をもらえんと、今日は一日中なんも食べられんのぞ」

と、息子の心をさらに重くさせた。しかし、一軒目はどこに行くかすでに決めている。私はまず息子に「人間は信頼に足るものだ」ということを実感させたいと思っていたから、付近でも誠実実直な篤農家で通る某家に第一歩をしるそうと決めていた。

いよいよその軒先に立つ。左に鉢（応量器《おうりょうき》）、右手に持鈴《じれい》をもってお経を読む。ところが朝早い農家の奥さんは、もう洗濯をしていて私たちに気づいてくれない。焦りはじめる。鈴をますます大きく鳴らし、お経の声を上げる。ようやく気づいて出てきてくれる。案の定、そのまだ若いおばあさんは親切にも、

「お米がいいですか、お金がいいですか」

とまで言ってくれる。

「野宿をするから、お米をください」

ありがたくいただき、まずは今夜の食いぶちだけは確保した。いつもそうだが、最初の一軒は緊張する。私は網代笠《あじろがさ》で顔をかくせるが、息子はあいにく作務衣に野球帽。私以上にはずかしがりやの息子はその間、じっと私の法衣をつかんで離さず、身をちぢめて立ちすくんでいた。

そこは、その一軒だけにしてまた歩きはじめた。まっすぐ下って海岸線に向かった。左には吉木の九重塔をのぞみ、右に飯塚城址をながめて歩いた。飯塚城址といっても、今は小学校である。まだ恥ずかしくて二人とも下を向いて歩いているが、元気いっぱいだった。国民休養地黒津崎キャンプ場に着いて一休みした。背中の荷物をおろし、水筒の冷たい水を飲んだ。おいしかった。

日もしだいに高くなった数時間後、あらためて八百長なしの托鉢を開始した。車窓の風景としては目にしているが、まったく見ず知らずの集落の一軒目。庭に入ると、外で作業中のおばあさんが戻ってきて、百円とドラ焼き一個を布施してくれた。

ウィークデーの昼間だから、外出の家が多い。お年寄りが多い過疎の村に、たまに若い夫婦がいても共稼ぎしている。お年寄りが留守番していても耳が遠い。しかも農家は庭も屋敷も広くて大きい。何件目だったたか、

「また留守かな、聞こえないのかな」

と思いながら引っ返しているところを呼び止められて、お米を布施してもらった。さらに高く上がったお日さまに上と下からジリジリと焼き焦がされて歩いていた。海辺の暑さは格別である。塩分をふくんで体中ベトベトになる。そんな暑さのなか、さっきのおばあさんが追いかけてきた。

「子どもさんがいっしょとは気がつきませんでした。どうぞ、お気を悪くなさらんでくださ
い」とわざわざ二十円を大粒の汗に息せき切って喜捨してくれた。

息子はその時どんな顔してそのおばあさんを見つめていたか、残念ながら見ていない。見ていたとしても見えなかったであろう。私は泣き虫である。

暑さとともに歩みはのろく、休憩はひんぱんになったが午前中は元気だった。昼過ぎから愚図りだした。時々立ち止まって腹を立てている。私の姿が見えなくなると仕方なくまた歩きはじめる。見知らぬ道、見知らぬ町である。歩き出さないわけにはいかない。いじらしい。

「まだか、まだ着かんのか」

叫《おら》びはじめた。

「どこまで行けばいいんか」

とうとう癇癪《かんしゃく》を起こし、後ろから石を投げつけてくる。

「お母さんに言うちゃる。五回も嘘ついいち」

と泣きながら、それでもついてくる。

ふだん車で通りなれた道も徒歩となると、なかなか距離感がつかめない。車で五分の道のりも歩くと一時間もかかったりする。すかしたり励ましたりして目先の目標物をあたえるのだが、ことごとく予定の時間をオーバーしてしまう。それが五回の嘘になったのである。ほんとうは

歩いているうちに距離感はつかめる。しかし、同じ距離でも実際にかかる時間は違うのだ。なぜか？　疲労がプラスされるからである。その疲労度を量りかねるから「嘘」になってしまうのである。

もうバスも通わなくなった旧国道の松並木の古道を選んだ。民家にサルスベリの花が咲いている。よりによってこんな熱い夏に咲くなんて、と同情したくなる。しかし、なんとまあ犠牲的な、いじらしい花かとも思えてくる。奈多キャンプ場の松林に入った。緑陰が今年も多くの海水浴客やキャンパーに涼と憩いを提供している。松林も今はかれらのものだが、本来は奈多八幡宮のものである。奈多八幡宮とは、キリシタン大名としてその名を馳《は》せた大友宗麟の正室が出身の神社である。かつて神地と神領合わせて二万六千石を領有した威勢がこの松の林にしのばれる。ふきわたる松籟《しょうらい》は人の世の栄枯盛衰を嘆いているかのようである、とは思わなかった。もうそんな余裕はなかった。

ようようなだめたり脅したりしてようやく初日の目的地に着いた。そこは奈多キャンプ場のはずれ。人目を気にしないですむ静かなところにテントを張った。飯盒《はんごう》でご飯を炊いた。そのころにはもうすっかり機嫌をなおしている。米をといだり、火をおこしたり、うれしくてたまらないといった風である。私もいばって、あれこれ知らないことまで知ったかぶりして指図する。飯盒の蓋をコツコツと松の枝でたたいて、出来上がりぐあいをみる。「もういいか、もうい

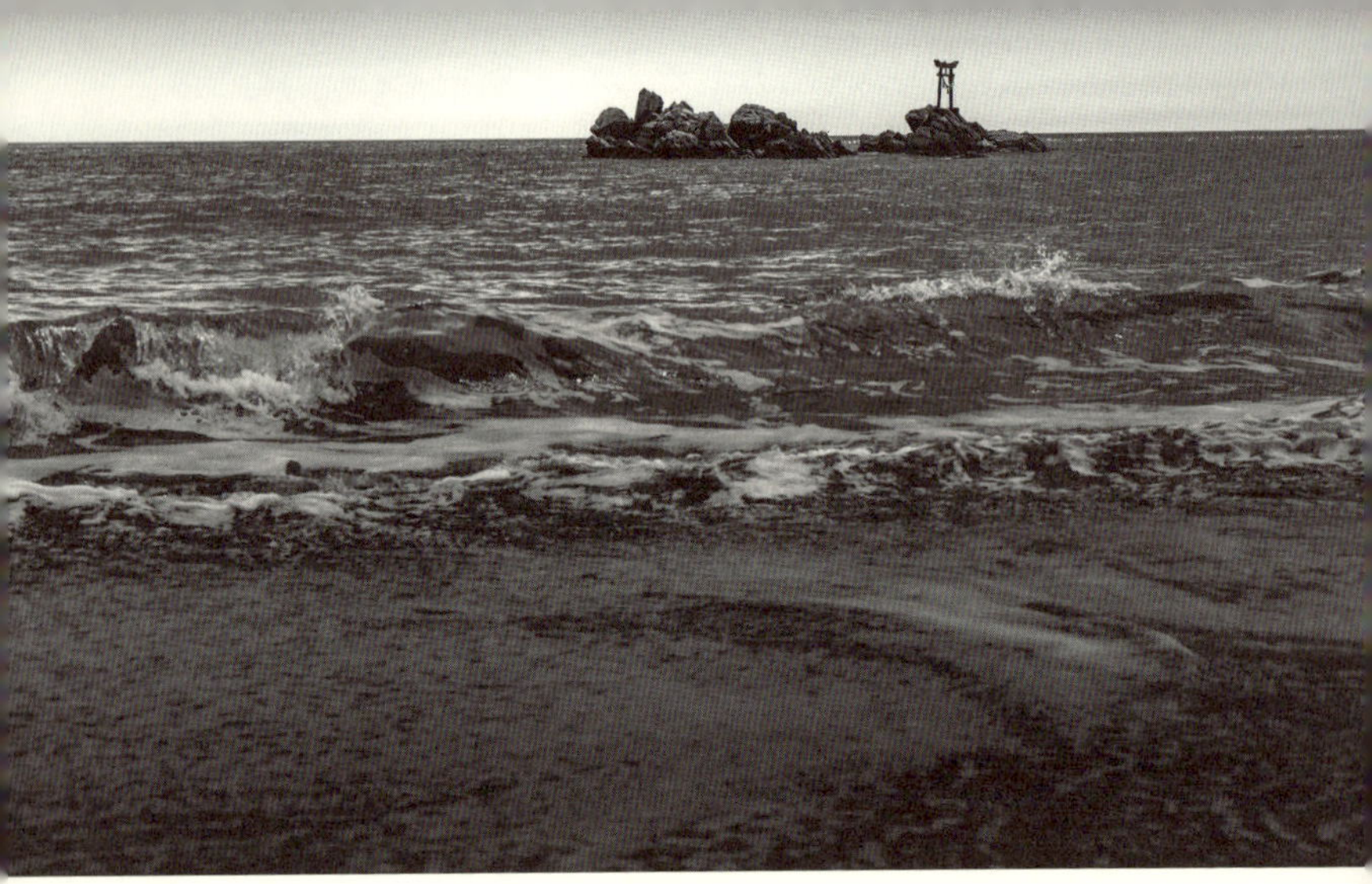

奈多海岸

いか」というのを「まだ、まだ」と何度も制して、おもむろにコンコンとたたいて「よし、よかろう」と蓋をとる。奈多八幡宮の霊験はあらたか、みごとにふっくら真っ白ご飯の出来上がりであった。

托鉢をして歩いてもらったご飯はありがたくてもったいない。手を合わせ「五観の偈《げ》」をとなえる所作もスムーズで抵抗がない。一粒も残すな、という必要もない。きれいに食べあげる。後かたづけもジャブジャブ水を流して楽しそうである。

食後の夕まぐれ、浜辺のベンチに二人腰かけて海をながめた。波打ちぎわに息子の大好きな釣りの親子が見えるのに、走っていこうともしない。うながしせかしても行かない。反対に私にすり寄ってくる。はじめての経験である。夕日に海が赤く染まっている。そのとき息子はそれを美しいとながめていたのであろうか、それともランディ父子のあのラストシーンを想い描いていたのだろうか。

星がまたたいて小さなテントに枕を並べた。今日一日の胸いっぱいの不安と興奮も今はしずかな寝息に変わっている。こんなに間近く寝息を聞いたのはいつの日のことであったろう。


二日目、五時三十分起床。ひごろは何回起こしても布団から出ようとしない息子も、今日は二回目で起きる。朝の海はキラキラしている。

托鉢開始。一軒目、二軒目不調。旧道を歩いた。道路を右に細い道をのぼってみた。若いお母さんは親子連れの乞食坊主に玄関先に立たれて、どうしてよいか分からない様子。びっくりして、それでも子どもたちをきちんと座らせて、自分も座りなおしてお経を聞く態度はりっぱである。いい風景だなあと気持ちよかった。が、応量器には気がつかない。子どもたちは遠慮がないからじろじろ私たちを見ている。やはり息子のほうに関心があるらしい。鉢は空のまま隣家に移ると、外まで出てきてついてきた。

だんだん不安になる。犬に吠えられる。犬にとっても私たちは異形にうつるらしい。息子も私も犬は苦手である。放し飼いの犬はたまらない。威風堂々の門構えのお屋敷も苦手である。門を開け、植え込みの庭を通り抜け、玄関の呼び鈴を押してから、乞食をするというのも変である。だいたいに近代建築は玄関が立派でまったく外界を遮断してしまっている。持鈴の音も人々のざわめきも聞こえない。やっぱり日本の夏は庭先のキュウリ畑をながめながら、開け放たれた縁側の長い廊下に腰かけて、作物の出来など話したりしている農家がなつかしい。そんな家では「まあ、一杯」と冷たい水、熱いお茶などごちそうしてくれる。

やさしい声をかけられるときが一番うれしい。

「どこまで行くんかえ。暑いのにたいへんじゃなあ。ボクもがんばりよえ」

と励まされて大いに勇気づけられる。犬に吠えられながら入った家の姑《しゅうとめ》と嫁さんには感激した。丁寧にお金を布施してくれた後、さらに、

「お米はいらんのかえ。早う持っち来よ」

あわてて嫁さんがどんぶり一杯持ってくる。

「ナベは持っちょんのかえ」

「野菜を持って行きよ」

「暑いのになあ」

と親切、愛語が身にしみる。

途中、座り込んでソフトクリームとカキ氷を食べていると隣の果物屋のおカミさんが、わざわざ出てきて千円入りの封筒を差し出してくれる。

「ボクは小さいのにえらいなあ。がんばりよえ」

のことばに息子はいよいよ頭を垂れて顔をかくして照れている。

私の子どもの名前は〝ニンベン・シリーズ〟である。上から順に仁、倶、依というぐあいである。私は人間として生きることの幸福は何ものにも代え難いものであり、その人間で一番大切なものはやさしさやつながりだと思ったから、三人とも人偏の付いた思いやりや仲間を意味する語を一字ずつその名につけた。それらを大事にして生きてほしいと願いを込めた。「思い」どおりに育つものではないと実感しつつも、おかげさまで大きく元気に育った。いのちはかけがえのないものであり、そのいのちはいろんな人いろんな物に支えられて生かされている。そんないのちのつながりとひろがり。おかげさまを実感、体験させてやりたい、と思っていた私は感激の連続であった。

息子は人とすれちがうとき、きまって私を盾にして身を隠す。相手が小学生のときはそれが一層はげしくなる。作務衣姿の自分がきまりわるいのか。乞食姿の父と歩いているのが恥ずかしいのか。三日間それは変わらなかった。そんな姿の親子連れは珍しいのか、もの珍しそうに振り返ってまで見続けていた自転車乗りの中学生がバス停の長椅子にぶつかって転んだ。この旅で唯一楽しかったのはこのことだと、あとで息子はおもしろそうに笑っていた。

二日目は午前中から疲れがひどい。暑い盛りはペースが落ちる。半里に四、五十分もかかってしまう。

息子も娘たちも、母の存在は絶対のようである。留守中は「そんなことすると、お父さんに言うよ」というのが常套《じょうとう》手段らしいが、そんな架空の父親の権威も現実では通用しない。実在の父親はからきし駄目である。久しぶりの子どもたちの前ではデレデレするか、ただガミガミ言うだけである。私の殺し文句はだから、

「そんなことして、お母さんに悪いと思わんのか！」

である。朝早く起きてご飯を炊いてくれる。起こしてくれる。学校の連絡帳を見てくれる（先生から家庭通信欄に「見た」だけでもいいから何か一言書いてくださいといわれて、いつも「見ました」とだけ書いているようだが）。掃除も洗濯もしてくれる。買い物もしてくれるし、雑巾《ぞうきん》も縫ってくれる。さらには集金袋にお金を入れて渡してくれる。ときどき小遣いまでくれるお母さんだから、このことばの効果はてきめんである。

托鉢に出るときもいろいろ準備してくれた。だんだん旅装が整って日が近づいて、

「トモ君、ほんとに行くんかえ。ムゲネー（かわいそう）なあ」

と言ったり、

「お父さんが決めたことじゃから行かんとなあ」

と矛盾したことを言うが、自分のことをしんそこ心配し、いたわってくれるのが分かるから息子も逆らえない。

出発の朝、「お数珠《じゅず》はぜったい離すなえ」と念を押して見えなくなるまで見送ろうとしたが、鼻の奥がキュンとなってすぐ息子の姿は見えなくなってしまったという。大好きな隣のおじいさんに托鉢のことを話して、激励してもらったり、息子の決心は私の洗脳のせいとばかり思っていたがどうやらそうではないらしかった。その、

「お母さんに黙っておくから、バスに乗るか?」

と、かまをかけてみる。すると一言、

「乗らん!」

しばらくムキになったように黙々と歩き続ける。「かわいい」とやはり心底思った。

私の足はもうマメはつぶれて破れている。引きずって歩く。所かまわず座り込んで休む。履物が失敗だった。草鞋《わらじ》がまにあわず、その時は足袋に買ったばかりの安手のゴム製サンダルだった。息子は草履《ぞうり》と運動靴を用意していた。それに道路が悪い。アスファルト、コンクリートの国道はまったく車のためのものである。歩くには衝撃が強すぎる。土の地面や落ち葉の散り敷く山道や田舎道は足にやさしい。旧道はそれでも路肩には雑草が生えていたし、樹木が陰をつくっていた。新しい道は、轟々《ごうごう》と車が飛び交い、緑陰どころか焼けつくように排気ガスが充満している。中央分離帯の樹木は黒ずんであわれである。もちろん暑い盛りの昼下がり、こんなところを変な格好をして歩いているこっちのほうがおかしいのかもしれないが。日出《ひじ》の市街

を抜けて三差路をよたよた過ぎて、JR豊岡駅をのぞむあたりのことである。

座り込む間隔がだんだん狭まってくる。また息子が愚図りだしたが、昨日ほどではない。すでに昨日、到着して肩から荷物をおろす瞬間のあの開放感と達成感を体験しているからか。それともお母さん効果がてきめんしたのかな。

夕方五時すぎにやっと着いた。そこは別府市はずれの海水浴場である。ゆうべのキャンプ場はにぎやかだった。が、ここは海水浴場。おおかた家路について人影もまばらである。カキ氷屋さんも店じまいをはじめている。家路に急ぐ人を見送る夕暮れはやはりちょっとものさびしい。やがてだれもいなくなった。昨日はわざわざ喧騒《けんそう》を離れたというのに今日は人恋しい。勝手なものだ。

キャンプ施設はないが水道がある。シャワーもある。水があるというのは実にありがたい。夏はとくにそうだが、やはり水は生活といのちの源だ。そこにあると思うだけで安心する。しかし、適当な炊飯場所がない。

「お前のために千円くれたから、今晩はご飯を食べに行こうか。でもそうしたら、野宿するからお米をください、と言ったおばあさんに嘘をつくことになる。どうしようか」

と聞いてみる。やっぱり息子もおばあさんのことが気になるらしく、迷いに迷ったあげく、

「どっちでもいい」

と私に下駄をあずけてきた。けっきょく食べに出た。私はそのとき、もう二十メートルも動けないほどだった。

十メートル横は天下の別大（別府－大分）国道。地響きを立てて大型トラックが頭の上を通り過ぎる。日本の経済活動のすさまじさを目の当たりではなく、耳の当たりに聞いた。それは一晩中とぎれることはなかった。左の耳には潮騒がテントを洗うほど間近に迫ってくる。そんな中のたった一つのテントはわびしい。というよりもいかにも心細げで物騒だ。犬が徘徊している。やはり眠れない少年たちが、火照ったからだを潮風に冷やしにくる。すっかり夜も更けたころ、こんどは花火をバンバン打ち上げにやってきた。日本の夏の静かに夜は更けて、という具合にはいかない。

眠れない。うるさいからではない。足の痛みがひどい。足裏を冷水で洗い、タオルでていねいに拭う。やはり水はありがたかった。プロ野球の長嶋茂雄は最初で最後、天覧試合の前夜、バットに向かって「明日はどうぞ打たせてください」と拝んだそうだ。私もきれいに足の裏を拭きながら撫《な》でながら、

「どうぞ、あした一日がんばって歩いてください」

と、足に向かって拝んでしまった。その同じタオルで足裏を拭いたり、顔を拭いたりするがちっとも汚いとは思わない。頭や顔がえらくて、尻や足や、目くそが下だとは思わない。みん

な等しく身体の一部、そういう感じだった。しかし、今夜ばっかりは足さま足さまであった。

睡魔は強い。さしもの轟音も潮騒もいつしか遠くへ消しやった。

三日目、五時起床。息子一回目で起きる。今日は国道一〇号線を歩くので「門付け」は止めて、別府市内随一のデパート前に立つ予定。今日も暑くなりそう。

左手に鉢、右手に持鈴をもって歩く。年配のご婦人が「アイスクリームを買いよ」と二百円布施してくれる。袖触れ合うも他生の縁。途中何人かそれらしきそぶりを見せる。が、布施という実行までには至らない。炎暑の中、乞食坊主の親子連れを見て、通りすがりの人は平静ではいられないようだ。心が騒いでいるのが見てとれる。しかし、喜捨という行為に至るまでには距離があってかなりの勇気と時間が要るのであろう。お互いドキドキしているうちに行き過ぎてしまう。責めているのではない。私だったらどうするだろうと考えた。知らんぷりどころか顔をそむけて通るか、遠くに認めたら横道にそれてしまうだろう。

デパート前に一時間ほど立つ。息子は大いに不平をもらすが、かたわらに座り込んで、

「そんなことしたって、だれもくれりゃせんちゃ。やめんか。早う行こう。もう五分前じゃ。もう十分過ぎた」

と、まとわりついて離れようとはしない。息子の希望的観測に反して、人通りの少なかった

時間のわりには何人かの方たちから「がんばって」、「少ないけど」とあたたかいことばとともに喜捨を受けた。

ご縁を結べずに行き過ぎてしまう人のほうが多い。しかし、そのほうが当たり前だと思う。お釈迦さまも農家の庭先でののしられている。「自分たちは耕してめぐみを頂戴している。お前はなぜ、耕さないんだ」と。しかしお釈迦さまは、人の心に法という種をまかれた。私は耕しもしないし、種もまかない。気まぐれな親子二人旅をしているにすぎない。いただくたびにただ恐縮するばかりだ。しかも、こんな私たちに合掌までして布施してくれるのだ。

お昼は食堂でラーメンを食べた。クーラーが涼しかったが、出るとき外の暑さがよけいムッとこたえた。

十二時、いよいよ海に臨んだ別大国道である。この国道でくり広げられる国際的なマラソン大会は有名でテレビでも放映される。別府市と大分市、県内二大都市を結ぶ大動脈であり、県民に一番なじみが深い道路である。さらに二つの街を隔てている高崎山はおサルの山として名高い。高さは六〇〇メートルほどだが急峻《きゅうしゅん》で、ほとんど直角的にその山裾は別府湾に突き刺さっている。中世、頂上には大友一族の本城高崎山城があり、あまたの戦乱を経験している山でもある。

ここを歩いて通る、ということに強いあこがれがあった。四カ月前までの十二年間、大分の仮住まいと国東のお寺との往復のたびにそう思ったものだ。楽しくもあり、不安でもある。冷水もラーメン屋さんでしっかり補給。とにかく陰がないのでたいへん。一昨日わが茅屋《ぼうおく》を出発する瞬間とおなじ緊張と興奮をおぼえながら第一歩を踏み出した。はじめは一メートル半ほどの歩道で、そんなに危なくないと思ったが、途中には五十センチ幅くらいしかないところもある。大分市や別府市に用はなくとも北九州市や反対の宮崎、鹿児島方面に行く車はすべてこの道を通らなければならない。そんな道路事情の悪さもあって車の流れはとぎれることがない。

すれ違う超大型車の巻き起こす風に吹き倒され吸い込まれそうである。途中息子の靴にチューインガムがくっついているのをそれと知らせてやった。右、左と靴底を確かめようと足をあげバランスを崩したちょうどその時、大型トラックがヴァーヴァーと警笛を鳴らし、ゴォーゴォーと通り過ぎた。今でも思い出すたびに冷や汗がでる。文字どおり決死の「別大酷道」であった。

ちょうど真ん中あたりのマリーンパレス（水族館）と高崎山を結ぶ陸橋がつくってくれたわずかな陰で荷物をおろし、足を投げ出し、冷たい水を飲んで休んだ。どうしてこんなすばらしい風景を見せないのだろう。人が三人連れでゆったりとすれ違うくらいの歩道にして、別府、大分市民といわず、広く大分県民の散歩道、心を開放する健康ロードにしないのか、と、あれこれのんびり考えた余裕もしだいになくなった。

料金受取人払郵便

博多北局承認

7225

差出有効期間
平成31年6月
30日まで
(切手不要)

郵便はがき

812-8790

158

福岡市博多区
奈良屋町13番4号

海鳥社営業部 行

通信欄

通信用カード

このはがきを，小社への通信または小社刊行書のご注文にご利用下さい。今後，新刊などのご案内をさせていただきます。ご記入いただいた個人情報は，ご注文をいただいた書籍の発送，お支払いの確認などのご連絡及び小社の新刊案内をお送りするために利用し，その目的以外での利用はいたしません。

新刊案内を［希望する　希望しない］

〒　　　　　　　　　　☎　（　　）

ご住所

ご氏名《フリガナ》　　　　　　（　　　歳）

お買い上げの書店名

小さな旅　国東半島物語

関心をお持ちの分野

歴史，民俗，文学，教育，思想，旅行，自然，その他（　　　）

ご意見，ご感想

購入申込欄

小社出版物は全国の書店、ネット書店で購入できます。トーハン，日販，大阪屋栗田，または地方・小出版流通センターの取扱書ということで最寄りの書店にご注文下さい。なお、本状にて小社宛にご注文下さると、郵便振替用紙同封の上直送いたします。送料無料。なお小社ホームページでもご注文できます。http://www.kaichosha-f.co.jp

書名		冊
書名		冊

炎天下の二十五キロはきつい。しかもテントや飯盒などの「生活用品」が肩にずっしりと食い込んでいる。昨日、一昨日と、もう五十キロ歩いた足や体はそうとうまいっている。途中まで息子も元気で、ときどき狭い歩道を駆けるほどであった（後でこれがいけなかった）。陰がない。お日さまは真上からジリジリ照りつけて高崎山は陰にならない。山を削り別府湾の波打ちぎわに通した国道である。マリーンパレスを除いては海側の歩道には一軒の民家もなければ木陰もない。やっと陰を見つけた。「道路工事中」という立て看板が救いの陰。しかし息子一人であぶれてしまう。交替で休んだ。

水筒の水を二回私が飲み、次に息子が二回飲むはずだった。ところが最後の一杯はカラだった。これもいけなかった。あと五〇〇メートル、という所になってとうとうダウンした。「もう歩けん」と座り込んでしまう。なだめすかして歩かせるが、ついに癇癪を起こし「荷物が重い」とそのうちの一個を放り出す。水筒の水が切れて、ちょうど昼過ぎのカンカン照り。五十メートルも行かないうちに座り込む。「足が動かん」と足首をこね回す。ブンブン車は通る狭い歩道。立て膝に首を突っ込んでへたりこんでいる。かわいそうというより危険であった。なだめももう効を奏さない。しかし最後にあせって無理をしてがんばらせることのほうがもっと危険だと思った。「疲れたら休め」と言うと、おしまいには十メートルも行かないうちに尻餅《しりもち》をついている。やっとの思いで狭い歩道、別大酷道をぬけだしてガックリ一息ついた。五十メートル先のジュースボックスを目当てにまたノロノロ歩きだした。

それから市街地を二時間ほど歩いた。新興住宅地の妹夫婦の家までが、さらに地獄だった。なんともいえないダラダラ坂が続き、もはや私も墨染めの衣も白の浄衣の汚れも、人目も、所もかまわず足を投げ出す。亀のような足のリズムを壊されるともう一歩も歩けそうにない。息子も、

「最後の日は楽になると言ったのに、今日が一番きつい。また嘘を言った。お母さんに言うちゃる。もうお前なんかに絶対ついち行かん。殺さるん」

と、また涙を流して泣き出した。かわいそうだが、「もう知らん」と、自分のことで精いっぱいだった。いじらしいとか、かわいいとか思う余裕などはもうなかった。かわいそうとも思わなくなった。泣き言を聞くと本気で腹が立って怒鳴《どな》り返す。私も意地になって必死で歩いた。

右、左、右、左、ただひたすらに足を動かすだけだった。お互いに「もう、もう」を連発しながら疲れも坂道もピークの辻にたどり着いたとき、息子と一番の仲良しの従弟が麦茶をもって迎えにきた。私はそれを奪い取り一気に飲んだ。そうだ息子の分を残さねばと気がついて、ほんの少しだけ残した。従弟がいるのでもう泣き言はいえない。ゴールには転校前の友だちも迎えにきており、ちょっとだけニコッとして息子はゴールインした。

こうして三日間、三市四町にわたる総行程七十キロを超す息子と私の托鉢行脚の旅は終わった。厳しい暑さとの闘いであった。疲労困憊《こんぱい》した。今でも息子は「死ぬごとあった。絶対もう行かん」と言っている。息子は勉強は苦手の野球少年であった。今も一日中駆けまわっている。山や海や川で暗くなるまで遊びほうけている。しかしあれほど苦しいことは今に至るまでない、という。「あの別大国道で頭を焼かれたから、おかしくなったんじゃ」とまじめな顔をして言うこともある。

私も苦しかった。三日目後半、苦しくて苦しくて疲労と苦痛が極度に達したとき、「なんでこんな苦しいことをするのか」と問い続けた。「これで悟りが開かれるのか。啓示が与えられるのか」とおおげさに思いもした。しかし、ゴールに着いても何も分からなかった。しまいにはそんなことも忘れてただ両の足を動かしているだけだった。「歩くと決めたから、妹の家をゴールと決めたから」、結局それだけのことだった。

ただ分かったのは愛語のありがたさと、少なくともコース沿線の人々の心には仏心が有ったということである。

その後、車で行脚の道を通ることがある。きまって息子と「ああ、あの家の陰で休んだなあ」となつかしがる。言葉にすればそうなるが、休んだなどというものではない。ようようたどり着いてドタッと倒れこみ、足を投げ出して息の吹きかえすのを待つのである。陰は命の恩人

（物）である。そういうふうに「ああ、あの木の陰で休んだなあ。ああここ、ここで……」と語り合う。車で通るときは、たんなる車窓の風景でしかなかった木や石やひっそりとした物陰にいたる沿道の一つひとつが、限りないいとおしさをもって迫ってくるようになった。やさしいことばをかけられたところや、布施してくれた家はもちろんである。慈愛の一語一語とともに、おばあさんやおばさんの表情やしぐさまでがくっきりと思い浮かんでくる。ずっと昔にどこかで会ったことがあるような気がしてくる。苦しいときだったからよけい心にしみこんでいる。

歩くということはその道、その家並みと親しくなることだ。その町、その人がなつかしく好きになることだと思った。

愚問だが、ときどき「あの旅はなんかためになったか?」と聞くことがある。息子はきまって「わからん」と答える。それでも、「行ってよかったか」と人から尋ねられたときには「ウン」と答えているようである。

人間は信頼に足るものであるとか、人はおかげさまで生かされているとか、いのちのつながりやひろがりなども分からなくていい。ただ愛語や布施や物陰やらを断片的にでも思い出してくれればいいと思っている。

最初、父と子、師と弟子の関係であった托鉢行脚も最後はまったく自分自身とのたたかいで、それぞれが一人の修行者であった。そんな過酷な体験を共有できた。共有しているということは実に楽しい。妻や娘たちのうらやむところである。

その息子も今は、はるかに身長も体重も私をしのいで親元を離れた。そして、新しい世紀初めての新成人となった。あれはたしかに苦しい旅だった。が、人生にはもっと苦しいことがある。実感はなくても予感はしていると思う。いや、もうすでに十分苦しいことを体験しているかもしれない。できれば挫折や失敗はしないでほしいと思う。が、思いどおりにならないのが人生だし、どんなことでも起こり得るのが人の世だ。行脚の旅はいくら苦しくてもゴールがあった。そこに着けばすべてから解放された。これからの人生、おそらく後悔したり、怨《うら》んだり、みじめに恥をかいたりすることもあろう。競争は負ける人のほうが多い。その苦悩から脱出できずもがき続けなければならないことがあるかもしれない。たった一人で。しかし、人は時にうらぎったりもするが、やはり信頼してもいい。信頼すべきだ。苦悩も、そして再生もまず人を信じること、そこから始まる。信じるとは慈悲の心で接するということだ。仁とか愛とかいってもいい。

また偉そうに説教をはじめた。そんな資格は私にはない。私も自分を恨んだり、人を怨むこともある。自分のことで精いっぱいだ。あの旅もそうだった。子どものためなら死んでもいい、と思うのがふつうの親だ。私は反対に殺しかねない。

だからせめて私は祈る。平和で、うれしさやよろこびのほうが多い人生であって欲しいと願う。うれしさやよろこびで人間とつながりを感じるほうがいいにきまっている。せっかく時を同じくする人たちとみんないっしょになかよく暮らしてほしい。そう祈っている。

海を見ながら歩いた。潮騒と松籟はどれほど多くの人のいとなみをいつくしみあわれんできたことだろう。海辺の道にも小さな石仏や祠があった。国東半島の数々の堂塔仏像はさまざまに人生を物語ってくれている。いやそうではない、むしろ何も残さずに生きて死んでいった人のほうが圧倒的に多い。そういう人たちのあまたの思いといっさいの生と死をつつみこんで、国東はこれまでもこれからもほとけの里であり続けるだろう。祈りの谷、救いの里であることをやめないだろう。つらいことがあったり、一休みしたくなったときは、帰って来い。今度はゆっくり歩いてみるといい。そうだ、こんどはお母さんも入れて家族みんなで「くにさき」を歩いてみよう。

小さな旅を経験した。しかしほとけの里の仏たちにしてみれば、あるいは人の一生も、ほんの小さな旅のようなものかもしれない。

旅の休息地姫島のアサギマダラ
渡り蝶であるアサギマダラは日本本土と南西諸島・台湾の間を群舞する。姫島にはその中継地としてスナビキソウ（５月中旬～６月上旬）フジバカマ（10月中旬）の蜜を求めて飛来、蝶たちはしばし羽を休める

ナナさんと先生
真玉海岸

国東半島は古い習俗がたくさん残っている。それはこの半島が陸の孤島といわれていたこととも関係する。内陸部もそうであるが、半島北東部の沿岸や姫島はとくに交通機関から取り残されたところであった。半島にも鉄道が走っていた。半島の北は宇佐神宮前から豊後高田市まで宇佐参宮線が、南は杵築市から国東町まで国東線が走っていた。いわゆる軽便鉄道である。経営もすこぶる順調であった。線路の延伸が予定され、最終的には両線を結び国東半島一周鉄道を形成する計画もあったが、実現にはいたらなかった。国東町と豊後高田市の間は乗り継ぎだがバス路線が開かれていた。が、当時は道幅も狭く曲がりくねった未舗装の道路でずいぶんと時間がかかった。おかげで古い習俗や伝統行事がそのまま残された。二つの鉄道も昭和四十、四十一年に相次いで廃止された。全線廃止の一カ月後、大分空港が大分市内から国東の安岐・武蔵町に移転することが正式に発表された。

民俗学的に古習俗とは、聖と俗との差別が際立っていることを特徴のひとつとする。具体的には「忌み」に対する観念が強くとどめられているほど古い生活慣行や意識があるのだという。

半島北東部の歴史も古い。国見（現国東市）、香々地《かかぢ》、真玉《またま》（いずれも現豊後高田市）のあたりはリアス式海岸である。六世紀末ごろの国見の鬼塚古墳壁画には舟に乗った人が描かれている。伊美別宮社には山口県の祝島との間に仁和二年（八八六）以来の「神舞《かんまい》」の行事が続けられている。姫島の黒曜石を使った矢じりの発見で、旧石器時代、姫島は九州、中国、四国、はては関西地方の交易の中心地であったことが知られている。南北朝から戦国時代にかけて、北浦部衆という水軍武士が活躍した。これらの史実はリアス式海岸あるいは島の地形を抜きには考えられない。丸木舟、帆船の時代、避難港としてまた風待ち潮待ちの港として北東部の浦々や姫島は天然の良港であった。また、北浦部を中心とする国東は畿内と朝鮮半島を結ぶ重要な港であった。そこで、国東半島はシルクロードの海のキャラバンサライ（旅人の宿場）だったという人もいる。以降、リアス式海岸のこの辺りを北浦部と呼ぶことにする。

古来、日本人が血（赤不浄）や死（黒不浄）に対して敏感にけがれを感じてきたことはよく知られるところである。国見町古江《ふるえ》に宇佐神宮の分霊を祀る櫛来社《くしく》がある。というより岩倉社といって地元の人たちは親しんでいる。ここの秋祭りは、宮座が主体となって行う。「ケベス祭」というほうが通りがよい、幻想的な火祭りである。櫛来社の氏子たちが地域ごとにいくつかの組に分かれて、一年交代でトウバ（祭りを担う当番地区・人）になり神事に奉仕する。神《しん》

潮かきの潔斎をし、神聖なお供え物を調える。精進が悪いとかまが赤くなる、すっぱい酒がでを作るトウジは、一週間朝ごと海水に入って

饌《せん》すなわち御供飯《おごく》を作るオカヨや御神酒（甘酒）を作るトウジは、一週間朝ごと海水に入って潮かきの潔斎をし、神聖なお供え物を調える。精進が悪いとかまが赤くなる、すっぱい酒ができるといわれているので、不浄を避けることを厳守する。身内に不幸があった者はもちろんこの祭りに参加できない。神導《じんどう》さま、神饌の通り道は不浄道を避け、榊《さかき》で塩水を道にふり清めながら進んでいく。その道をナワテと呼び、このナワテの途中には墓を作ってはならぬとか、月経中の女が通行してはならないという伝承がある。そして人々はケベスとトウバたちがまき散らす火の粉を浴びると病気にならないと信じている。ケベスの意味も祭りの起源や由来もいっさい不明である。が、ともかくここでは物忌み、潔斎がきびしく守られ、きわめて原始的観念のこもった行事が毎年行われているのである。

姫島は離れ小島である。周囲十七キロメートル、東西に細長い島におよそ二千人が暮らしている。姫島にはヨワ、産屋があった。お産が近くなるとこの小屋に入り、別火で生活しなければならなかった。お産に際して他の家族と寝食を分けるのである。産婦は十日前後そのヨワにこもり、子どもを産んだ。その後潮水で身を清めて、初めて台所の荒神さまを拝み、家の者といっしょの生活に返った。

捨て子の風習があった。もちろん、形ばかりである。母親が厄年に子を産んだのでとか、男四十二の厄年に二つになる子は育てにくいからとかいって。姫島では捨てる子に蓑笠《みのかさ》をつけ、

産婆、取り上げ婆、仲人などにあらかじめ拾い親を頼んでおいて拾ってもらう。そして母親がお礼の酒を持って、またもらいに行くのである。

宮参りにも独特なものがある。日取りに変わったところは見られないが、まだしばらく母の忌だけは残るとする所が多い。そういう所では、産婆や姑などが抱いて参った。真玉の黒土《くろつち》には、父親・祖父とかがつれて、朝早くから参る風習がある。朝早く参るというのは、途中だれかに遭うと、その人に名をつけさせなくてはならないからという。

昭和四十三年、国見竹田津港と山口県徳山市との間に周防灘フェリーが就航し、かつての北浦部が復活した。今はモノづくりをする人が多く移り住んで、工房やギャラリーが点在するアートの町として有名である。昭和四十七年には、姫島と伊美港との間にフェリーが運行開始され、現在一日十二往復、島の交通が大きく変わった。瀬戸内海国立公園内のロマンあふれる島として多くの観光客とともに特産「姫島車えび」を運んでいる。

軽便鉄道が廃止されるころまでは、ヨワでのお産体験を語ってくれる老婆はたくさんいた。毎年行われるケベス祭はともかく、子どもの姿をめったに見かけなくなった近ごろでは誕生にまつわる習俗もしだいに希薄になっている。交通事情の変化もあるだろう。しかし、この半島に暮らす人たちの敬虔さと濃密な人のつながりは今も変わらない。

長瀬浦より姫島を望む

先生は熱暑のなかを次の岬に次の岬をと新たな岬をめざしながら歩き続けた。リアス式の海岸の続く北浦部の道は「尾」が海岸まで迫っている。深い森のなかを歩いているようなのに、突然海がひらけたり、長いトンネルを抜けるとそこには何艘かの漁船が繋留《けいりゅう》されていたりする。先生はそれがうれしかった。ふるさとのそれは「まっすぐな道でさみしい」。岬にたどりついてそこを曲がって軒先に水を乞おうとした、ところまでは覚えている。急に目の前が真っ暗になってあとは覚えていない。

「ああ、やっと気がついたかえ」

ナナさんは安心して、団扇《うちわ》の手を休めて冷たい麦茶をさらにすすめた。そしてさらに、

「元気になるまで逗留《とうりゅう》していいんでェ、遠慮すんなえ。暑《あち》いきなあ」

と言った。ナナさんにとってはなんでもないこと

だった。困った人を助けるのは当たり前のこと、困ってなくても人が喜んでくれることならなんでもする。近在の人はナナさんのことを「おうどん婆さん」とか「マンマンさま」、「長瀬の観音さま」と呼んでいた。いかにも親しみと尊敬の念をにじませながらそう呼んでいた。江戸は元禄のころ、闇夜に方向を失った安芸国の舟が一点の灯りに導かれて難を逃れた。たどり着いたのが潮崎の突端にござる長瀬の観音さまの下であった。ナナさんをそんな観音さまのような人だといっていた。

先生はもともと国東半島が気になってやってきて、気に入って倒れるまで歩き続けたところである。「お願いします」と言って、あわてて「ありがとうございました」とお礼をつけ足した。先生は絵描きだ。そして東大を出て美術学校の先生もしていた。その道で知らない人はいないくらい有名だった。好んで山岳や仏画を描いていた。だから、国東半島はテーマにぴったしのところだったのである。さる絵画団体の創立宣言書を先生は自己の信念としていた。「我々の創作は自然に対する愛なり。我々は自然の微々たる一隅にも遍満せる愛に浸潤して宇宙の神秘の声を聞く。個性を浄《きよ》うするに永遠の霊性を以《もっ》てし、永遠を潤ほすに個性の流動を以てす。実にも作品は一個の象徴的宗教なり」というものである。なんとも難しそうな絵描きにみえるが、しかしというか、だからというか、先生は画家であるよりも、まず人間として清く正しく、良き夫であり、よき父であることを念じて生きてきた。先生は、学生たちにいつもこう教えていた。

画は人格の崇高なるものの現れである。

崇高なる人格が完全に画技によって表現されたものが美術だ。

技巧を練磨することは即自己の人間を高めることになるのだ。

画は崇高なる人格の現れであることを忘れるな。

先生は山岳修験の里ともいわれる国東半島で自分を磨きたい。自分の求める画をいっそう深めたいと思ってやってきたのである。しかし、次から次に現れる入り江の風景もすばらしいと思った。自然の愛はほんとうに海辺の微々たる一隅にも遍満していると思った。

ナナさんはとてもいい人だから長逗留しようと先生は決めた。阿吽《あうん》の呼吸だった。

北浦部の村にもカンジンやホイトがきた。カンカラ缶とズタ袋を引きずってよたよたと歩いてきた。「あん人たちはのう、仏《まんまん》さんのお使いじゃき、悪さすると罰があたんのぞ」と家の婆さや爺さに言われても、イビシイ（汚い）し、饐《す》えったように臭かったので、子どもたちは遠巻きにして石を投げつけたりした。「オーイ、お宮におるぞ」と言えばこわごわ見に行った。異形なものを見たさ半分怖さ半分だった。

ナナさんは、そんなカンジンやホイトに物をあげるどころか、風呂まで入れてあげた。ただ、もしかして息子が旅空でこういう難儀をしていたらと思うとたまらないからそうするのだ。

遠慮するカンジンに一晩だけでもと泊めてあげる。カンジンはつい心を許して身の上話を始める。たいがい身につまされる話である。この前の話はつらかった。優しい息子にふさわしいいい嫁をもろうて、孫《まんご》もできた。村でワシが一番しあわせ者じゃろうと自慢だった。ところが、大洪水じゃ。ようけ死んだ。息子も嫁もまんごもみんな死んだ。どういうわけか、ワシだけが生き残った。

ナナさんはいっしょに涙を流してただうなずくばかりだ。慰めようにも言葉がみつからない。そんな夜はいつも持仏の観音さまに祈った。そして朝まだき、入り江の観音さまにでかけておわびした。「すみません、なんにも慰めてあげられませんでした」と。

旅空の息子が、というのはお嫁に来る前、戦災孤児十人を育てたことがあるからだ。みんながみんな立派に大きくなったというわけではない。泥棒するなよ、嘘をつくなよ、とあと二つ三つだけ教えたけど、食べさせるほうが大変だった。戦争で殺された親をもつ子たちに殺生するなとはさすがのナナさんもなかなか言えなかった。

「おうどん婆さん」と言われるのはこうだ。当地でオドロ、おうどんは特別な日のごちそうである。お祭りやお講の座にはもちろん、老人会、若い者の集まりがあるときは、朝早くから一生懸命うどんを打って振る舞うのである。どこで聞きつけるのか子どもの集まりのときもきまってうどんをもって行った。迷惑がる人もいるけど、まったく無償の布施だから、だれも断りきれない。

国東は狭い半島に入り江や白砂青松の海浜と深山幽谷が混在する。奇岩の連なる景勝地としては耶馬溪が有名だが国東のそれはスケールが違う。山水画と仏画をよくすると聞いて、ナナさんは先生に夷谷《えびすだに》へ行くことをすすめた。奇岩秀峰の大パノラマ、とりわけ中山仙境とよばれるあたりはまさに仙界である。そこに六所権現や実相院、霊仙寺といった六郷満山の古い寺社が点景となって独特の雰囲気をかもしだしている。ナナさんはきっと先生は気に入ってくれると信じていた。しかし先生はあんまり乗り気ではなかった。山水を描くといってなにも深山大沢を窮める必要はない、名もないどんな山だって立派な絵になるはず。深山大沢のみが、私の山水画に甚大な教えを垂れるわけはない、と思っていた。しかし、そんなことは親切の塊のナナさんには言えなかった。夷谷は温泉もあると聞いてでかけることにした。

車で数分、潮の香もなくなったかなと思うころには、もう風景が違ってきた。ぽちぽち岩肌が見えはじめると、すぐに異界に入り込んでしまった。国東はどの谷から入ってもだいたいこんな感じだ。はるかな険しい山道を登ってようやく岩場と思っていた先生はびっくりした。

山水画を作るからといって、にわかに深山大沢にこもる必要はない。それは確かだ。しかし、それは多分に先生の言い訳が交じっていたのだ。先生は生来虚弱だ。実際そういう場所にはい

夷谷中山仙境

けないから、市街地の自宅から眺める山、せいぜい電車や乗物でいける程度の所までいって、ほんの浅い山、近い水に親しんできたのである。それでも先生は山水を描くにはどうしても実地に山水そのものその自然変化の機に触れることが何よりも大切と思っていた。そうしないと画はこしらえ物になってしまう。いかに見かけは立派でも精神的に空なものになると思っていた。

ところが、車から降りて深山幽谷、南画そのものの風景の中に立っていることに先生はおどろき喜んだ。ナナさんも安心した。大不動岩屋にしようかなと思ったけれど先生にはちょっときつそうだからここにした。先生が喜んでくれてうれしかった。檀那寺ではないが、ナナさんが親しくしているご住職のもとに案内した。それから先生はすっかりそのお寺に長逗留した。

住職とこんな話をしたことがある。

「先生はどういう気持ちで仏画を描いているのですか」

「人間が生きている目的は私にはまだわかりません。が、一番大切なことは世界の本体を摑み宇宙の真諦《しんたい》に達することにあると思っています。ですから私が画を描くのもこのためです。生命の目的、生活の意味、そして大きな宇宙の意思を摑みたい、それと一つに融合したいのです。私が仏像を描いているのはそこへ到達するための修業にすぎません。山水を描くのも同じ理屈です。つまり、芸術は神と一になる修養の具といってもいいと思います。私にとって芸術は信仰のための芸術なんです」

「信仰というのは、どうもわれわれみたいの俗坊主とは縁のないことばのようですな」

「すみません。私の気持ちを言葉にすると大変難しくなるので……。いわば私の生き方、生涯はこの信仰を目的とし、この信仰にささげているのです」

「ところで先生、むかし隣村に浮世絵画家がたくさんおったというんですが、行ってみますか」

それは吉原眞龍のことである。線描研究のため浮世絵から入った先生であるから充分興味をひいた。眞龍は文化元年（一八〇四）真玉村西畑に生まれた。弱冠にして京師《けいし》に上る。京都三条寺町下ルに住し、殊《こと》に美人画をもって海内無比の名筆と称せられた。江戸は幕末、黒船来航して天下風雲急を告げる嘉永六年（一八五三）、真玉村に帰ってきた。悠々自適に古里の山河に遊ぶこと四年、安政三年に没したという。没後法眼位を贈られている。眞龍を師として画を学ぶ者、京、国東において前後百数十名。玉僊《ぎょくせん》、單龍、如龍、春龍らが門下の高足《こうそく》として知られる。

仏教文化ばかりと思いきや、意外の絵描き集団、それも美人画をものしていた人たちがこの地にいたということが先生には驚嘆であった。縁者の家に蔵されている美人画を見てなるほど、多くの門弟を集めただけのことはあると感心した。そして、国東は奥深いと思った。

あれほど足しげく国東を訪ねてくれていたのに、久しぶりだな、と思って指折り数えると七年が経っていた。すっかり痩せられて痛々しいばかりである。「ナナさんまたお世話になります」と元気そうに振る舞う先生に、何かよっぽどのことがあったなとナナさんは直感した。

先生はなつかしい入り江の道を歩いた。やっぱり自分には「まっすぐな道」は似合わないと思った。山に入ったり、海に出たりしながら歩き続けた。長瀬の観音さまは小さな入り江の波が洗う岩肌の洞に安置されている。目の前には姫島が人の動きも分かるくらいの大きさで横たわっている。洞の傍の小さな鳥居からわずかな石段を登ると、もうそこはうっそうたる鎮守の森である。同じ岩頭の下と上でまったくの別世界。岬を一つ越えたところにケベス祭で有名な櫛来社があるが、この入り江からは姫島はまったく見えない。この劇変、「較差」が北浦部の特色であり、国東半島全体がそうだった。そして国東はしずかである。

先生はよくこの断崖の神社で休んだ。というよりだれにも会わずにすむので考え続けた。「どこで間違ったんだろう」「なぜこうなったんだろう」と。夷谷の住職と話したことも思い出した。

「画は自己を高めるための修練です。私はすべてのものが円満に発達した全き人でありたいと願います。画室で制作するのはちょうど密教で護摩を焚き加持護念《かじごねん》するのと同じです。いわば密室の祈りです。煩悩を断って菩薩の清浄さを保ちたいのです」

「先生はすばらしい。この生臭《なまぐさ》にはとうてい至らぬ境地じゃわ」

と、あのとき住職は笑いながら坊主頭をさすった。あの笑いとは何だったのだろう。すでに今日の私を予測していたのだろうか。息子殺しの親になるということを。

ナナさんは、先生を元気づけようと親戚の初誕生の祝いに誘った。

満一カ年目の日をひと誕生といって祝う。嫁さんのお里からは履き初めの下駄を贈る習わしである。誕生餅を搗き、産婆、取上げ婆、親戚、懇意、無常組など産見舞いをもらった人たちをすべて招客する。ナナさんの親戚は、つい先日初幟《はつのぼり》の祝いを盛大にやったばっかりなので、今日はこぢんまりとした祝宴である。在所から両親と米寿になる祖母の三人、ナナさんら親戚の者が四人である。

まずはお仏壇に線香をたき、ご先祖様に報告と感謝そしてすこやかな成長をお祈りした。

さっそく一臼《うす》（二升）の大きな丸餅をお座敷にもちこんだ。本日の主役ターちゃんにかわいらしい草履をはかせる。この草履は里のばあさんが編んだものである。長生きの人が作るのものとされているが、おまけに米寿。ばあさんは大役を与えられてうれしくて、鼻緒は紅白にする念の入れようである。「ちょうどいいで」、みんなから褒められてばあさんも満足そう。その草履をはかせて丸餅の上に立たせたり、背負わせたりする。

「達者になれ、達者になれ」

「早よう、大きゅうなれ。早よう、大きゅうなれ」

みんなで囃《はや》し立てる。人見知りのターちゃんにもようやく笑顔が出てくる。先生は鼻の奥がキュンとなった。

次は、モノエラビだ。子どもの前に、筆や算盤《そろばん》、餅やおもちゃなどを並べて、自由に取らせるというもの。女の子なら裁縫道具などがこれに加わる。子どもが最初に筆や書物をとれば学問ができるとか、餅をとれば一生喰うに困らぬとかいって、その子の将来を占うのである。「おもしりいき、裁縫箱も置こうえ」ということになった。

ターちゃんは、裁縫箱を手にした。「ええッ、ターちゃんはお嫁さんになるのォ」、「いやいや今どきゃ、男のファッションデザイナーちゅうのがあるからなあ」と、みんな大騒ぎ。この家の主《あるじ》ゲンさんは涙を流して笑っている。

祝いの膳についた。めでたい席だから、笑い声がはじける。ようやく人慣れしたターちゃんの一挙手一投足に注目が集まり感心したり笑ったり、すっかり主役の座を独占である。やがてターちゃんがお眠のころには、座はいっそう賑わう。コの字形に並べた長飯台の内で主たちはお取り持ちをする。杯のやりとりが激しくなる。「まッ、先生おひとつどうぞ」と杯が差し出された。

「しかし、お父さん。息子さんとは仲がいいですねえ」と先生。

「なんのなんの。喧嘩ばっかしじゃ。学校時分はワルでなあ。親の言うこつはなんも聞かん。先生ん言うこつも聞かん。とうとう大喧嘩しち家飛び出て、どけ行ったかわからへん。そりでん、どこじ聞いたんか、ワシが腰を悪うしてなあ。あんまり動けんごつなったら、ひょっこり嫁ご連れち帰っちきた。まんごもいっしょじゃ、バカタレが」

「バカはどっちか、喜んじ、祝言と初節句といっしょじゃと、百人もお客呼んでから」

息子さんがやり返した。

長い宴も「バンザイ三唱」で切りがついた。帰り道、先生は心の底から「ナナさんありがとう」と言った。

「楽しかったかえ。楽しけりゃいいんで」

「ナナさんが息子さんに知らせたんですか」

「おせっかいと思ったけどなあ。学校でおもしろくないことがあったんよ。あんまり行かんごつなった。どっちも頑固じゃから。家じゃ何回も修羅場があった。出て行く晩、学校のことは絶対親には言わんでナ、あんまりかわいそうじゃ。全部俺が悪いんじゃから、ち言うてなあ。やさしすぎるんよあん子は。もう十二、三年経つかなあ。十年なんちアッという間じゃ」

「ナナさんありがとう」、先生はもう一度言った。

ゲンさんは、「まんごの守りをして息子と苦労話を肴に飲むのがいちばん楽しい。もういつ死んでもいい」と言っていた。本当だろうなあ、と先生は思った。そして息子さんは、ナナさんがいてよかったなあ、と思った。それにしても、国東の人たちはいい。産みの親がおり、名付け親がおり、ナナさんみたいな親代わりがいる。そして、そうそう「拾い親」がいる。そして人はみんなつながっている。


先生は五辻不動尊にいた。もう今日で一週間も籠り続けている。

それでも私は岳彦を守らなければいけなかったのだ。岳彦を支えるのは私しかいなかったのだ。

――お父さんがやったことをどう思いますか？

タケちゃんとの十四年間は楽しいこともあったし、最後の二年間だけ暴力を振るっていたので、それだけを考えていくのはいやで、そういうことだけを考えるのはよそうと思います。いつも父や母は自分たちの育て方が悪かったのか。どうしてこうなってしまったのか、と自分たちを責めていました。今回のことで父を憎んだりとか、責める気持ちはありません。

――タケちゃんのことは？

すごく好きです。

――タケちゃんの暴力の原因はなんだと思いますか？

このことについては、今まで二年間苦しんできました。ずっとそれだけを考えてきました。でも、あれだけ生きているときに分からなかったのですから、死んでしまった今は、もういないのだから、分からないと思います。本人にしか絶対分からないだろうと思います。

――家族としてこれからは？

お父さんだけが苦しんだのではなく、母も私も、タケちゃんも苦しんだと思います。お父さんだけがこの事件の当事者ではないと思います。父も母も私も、現実の社会の中で、何も起こっていないように笑ったりして生きていかなくてはならないし、三人で頑張って生きていこうと思います。私は、タケちゃんに、話しかけようと思っています。私は今まで楽しかったよ、こんなに幸せに生きてるよ、と話しかけるのは供養になると思います。

――拒否は？　拒否しなかったのですか？

できませんでした。読んだことのある本の中に、体の大きなお父さんが同じような状況で土下座したということが書いてあったのを思い出して、それと同じようにしました。すると岳彦は、足で蹴り、手でも殴り、こたつの板を投げつけてくるという激しい攻撃をしてきました。このとき、岳彦は泣いていたと思います。

――それを見てどう思いましたか？

岳彦はつらいんだな、と思いました。

あのとき私はなぜ岳彦を抱きしめなかったのだろう。暴力の原因を、その対応を、自分が持ちうるあらゆる知識と練磨した技巧を駆使するのではなく、追求してきたはずの菩薩の心で、いやそういう一切の理屈抜きに、泣いて私を求めてきたあの一歳のころの岳彦のように抱きしめてやらなかったのだろう。私は私の体面や思想だけを守って、岳彦を守らなかった。いつもそうだったのかもしれない。岳彦の悩みや心の叫びを一度も聞いてやったことはなかったかもしれない。何があっても私は一度も手をあげることなく話して聞かせた。思うにそれは作り上げた私の理論と社会の常識をもって完膚《かんぷ》なきまでに論破していただけではなかったのか。わが子相手に勝ち負けもないだろうに。そんなふうに、ぐうの音も出ないように、岳彦をずっと押さえ続けてきたのではなかったか。なぜ格闘しなかったのだろう。私が抗《あらが》っても抗っても克服できなかった煩悩、求めても求めても菩薩の心に到達し得なかった、そんな弱い自分をさらけだして裸で格闘しなかったのだろう。

絵を描いていても時々嫌になることがあったではないか。決して、常に内心に突き動かされて表現せずにはいられないものだけを描いたわけではない。名利を求める声に負けたこともあった。そんな弱い心、みじめな敗北者の心で岳彦と真に向かい合ったことがあっただろうか。

そういう内省は清く正しく生きる先生にしかできないものである。先生はすべてに誠実で真面目に努力する人だった。人に頼ることやおもねることを潔しとせず、みずからの力で一生懸命がんばった。結果、それなりの地位と名声を得た。頑張ればなんでもできると思った。それが生きる自信にもなった。だから、わが子にもそう言ってきたし、ちょっと怠けるとはがゆくなった。子どもに代わってがんばれないのが一番残念だ、と妻には愚痴をこぼすことがあった。がんばらない岳彦もみとめるべきだった。少し自信が過剰になってそれが見えなくなっていたことを苦く後悔していた。

目の前の不動明王が怒っている。それは世間の邪悪に対してではないだろう、私を、私の心の弱さと驕《おご》りを怒っているのだ。「画業は密室の祈り」といったとき、住職が笑っていたのは、人間は強くはない、エラくもないということを知っていたからだ。護摩木を焚くのは自己修練のためだけではなく、多くの人々の煩悩を消さんがためである。焚いても焚いても尽きない護摩木の数ほどに悲しみや苦しみや祈りがある。けっして自分一人のために祈ってはいけないのだ。俗坊主であればあるほど、俗界に身を沈めれば沈めるほど人々の呻吟《しんぎん》や祈りの声が大きく聞こえてくるのであろう。世界の本体、宇宙の真諦《しんたい》は決して彼岸にあるのではない。こちら側にあるのだ。家族が支えあって生きている、ほかに何がいるのか。人生の結論は身近にある。身近にある物、身近にある者たち、それらを感じることが重要なのだ。私が、描くべきはそれなのかもしれない、そう、それなのだ。

初誕生の宴がまざまざと思い出される。岳彦はせっかく私を親と選んで生まれてきてくれたのに……。私はいずれにしても地獄に堕《お》つべき人間だ。地獄にあって悪業の尽きるまで、不断の苦しみを嘗《な》めるのが一番ふさわしい。しかし、それまでは、けっして死んではいけない。罪は逃れることによっては救われない。死ぬというかたちで責任をとってはいけないのだ。ああ、人間を描きたい。全き人ではない、不完全なる人間を描きたい。現実の苦しみや理想の憧れを描きたい。

「密室の祈り」を抜け出そうと思った。楽苦愛憎うごめく娑婆世界に足をつっ込もうと思った。先生はあれ以来しつこく取り憑《つ》いて離れなかった死の誘惑からようやく解放されて五辻不動尊を出た。天空の霊場である岩壁を穿《うが》ったお堂からは幾重にもつらなる山や谷が眼下に広がり、姫島を浮かべる周防灘のかなたに中国や四国の島々を見渡すことができた。集落がみえる。ああ、あそこに人々の暮らしがあるんだ。今日も一日が始まるんだ、と思った。試練もすべて受け入れて生きる覚悟と、その立ち位置を思い知って見る朝の光景はまったく違ったものに見えた。通い続けた不動尊の岩場も一木一草もまったく違ったもののように見えた。「こうして多くの人々が同じ思いをしながら生きているのですよ。あなた一人が悲しいのではありません。だから人は支え合って生きるのです。人に頼ることは恥ずかしいことではないのですよ」。国東の海と山と風がそう語りかけてきた。

「求めすぎている」、と先生は思った。岳彦のことだけではない。際限なく人は求めすぎている。「足るを知れ」というのではない。与えられすぎるほど与えられていることに感謝すべきだ。神はこんな岩場にも花を咲かせている。しかもその神の配慮たるやいかん。この花びらの薄さ、この色合い、この生命力、美しさ、けっして人は創造できない。制作もできない。この眼下に広がる景色の美しさはどうだ。造化の絶妙、これ以上のどんな一点景が必要というのか。そして、この天地自然の中に人を住まわせた。一人として同じ人はいない人間をかくも多く在らしめた。恩寵《おんちょう》だ。時に人と自然は冷酷だけど、それを含めて神の恩寵に感謝すべきだ。一人として同じ人はいない人間をしかし神は平等に創られた。人生の幸、不幸も半分ずつ分け与えた。私にも絶望的な二年間の六倍もの楽しい生活が与えられていた。二年間は十二年に倍するほど長かったとしても、その苦しみの果てにはきっと幸せが用意されていたはずだ。神を拝め、神が造りたもうた花を拝め、人を拝め、人を合掌して拝め。命なきものも拝め。与えられすぎていることに感謝しなければならない、と先生は岩場を下りながら反対に気持ちはしだいに高揚しつつ山を下りた。

ナナさんはケベス祭に先生を誘った。ナナさんの言うことに間違いはないので、先生は素直に従った。ケベス祭は古江の櫛来社で行われる。潮かきをする入り江は昔ながらの立て干し網漁で有名である。今も年に数回網が張られ体験ツアー客の人気を呼んでいる。その隣の入り江に伊美別宮社がある。この境内では県内で唯一流鏑馬《やぶさめ》が古式にのっとり奉納されている。十月十四日のケベス祭、十五日の流鏑馬と、ふだんはしずかな北浦部が観光客も集めてさわやかに浮き立つ。

拝殿では宵祭りというよりだれもがケベス祭と呼ぶ神事が始まろうとしていた。トウバの男たちはすでに海水につかり禊《みそ》ぎをすませ、白装束に着替えている。お払いを受けたあと、前夜「釣りくじ」で決められたケベス役が中央に進み出る。白装束に整えられて、いよいよケベスの面がつけられる。鉄色をしているが木彫りの面である。神職が背中に指で「勝」の字をなぞる。背中を一叩きするとケベスがのりうつった。

そのころ広くもない境内はあふれんばかりに、千人にもなろうかという参拝者や観光客が集まっていた。久闊《きゅうかつ》を叙している女性のグループがある。若い声で、「わあ、私はもう後期高齢者になったんでえ」とか「あんた若いなあ、けんど、なしそげないい服着てきたんかえ。焼き焦がされるで」とはしゃいでいる。静かにケベスの登場を待っている老夫婦もいる。総じて高齢者が多いが、子どもに「言うこと聞かんとお化けに連れち行かれるで」と、おどしている母親もいる。傍から「・・ちゃん、怖いことないんで、神さまじゃからな」と近所のおばさんがなだめる。祭りの本番を待つ高揚感が境内を支配しはじめるころ、拝殿横の庭に積み上げられたシダの山に火がつけられる。ケベスの登場である。その瞬間、子どもが母親の腰にしがみつく。それほど異様な面である。鼻は削げ、左右の目はふぞろいに刳《く》り貫《ぬ》かれ、口は大きく裂け薄笑いをしている。昔、あまり異形なので、これに手を加えようとしたところ、面から血が出たためとりやめたという話が残っている。

太鼓・笛・鉦《かね》の練楽《ねんがく》が中庭を廻る。静かな楽の入りであるが、先生にはどこか哀しい調べに聞こえた。とくに笛の音がそうさせる。ケベスはその列の中に入り、肩にかついだ棒、差股《さすまた》を扇子でたたきながらゆっくりと腰を落としてすり足で進む。棒の先には藁苞《わらづと》をつけている。燃え上がる火に突入する隙《すき》をうかがいながら廻る。火の周りにはトウバたちがそれぞれ棒をもって立っている。太鼓の音が早くなった。ケベスが棒を頭上に立ち上げたと思うと、火に向かって突っ込んだ。ケベスが走り込むとトウバの一人が火を守ろうと飛び出して棒で棒を受けて、押し合い、せめぎあう。そのとき、はっしと先生とケベスの目と目が合った。ぎくりとして笛の音がいっそう高鳴った。ケベスは押し返されてまた行列に戻り、静かに廻る。先生はまた鼻の奥がキュンとした。激しいやりとりは何回も続く。入れ代わり立ち代りのトウバたちにたった一人で立ち向かっては押し戻される。棒を地面にすりつけて猛然と、ダッシュとせめぎあいのくり返し。大変な体力の消耗である。先生ならずともケベスを応援したくなる。回を重ねるごとに「行けぇ」「がんばれ」と参拝客観光客の声は大きくなる。都合九回目、ケベスは火に魅入られて炎の中に飛び込むように突っ込んでいく。もうこのときはトウバのだれも止めない。むしろ反対に、シダ一把を火の前に置いて手助けをする。ケベスはそれを足場に棒を突き入れ、火をかき散らす。火は裂けてはじけ、炎は闇夜に高く舞い上がる。炎はケベスの顔をめらめらと照らし、トウバを照らし、背後を取り巻く参拝客をあぶりだした。先生も興奮した。しかし先生は、炎よりも必死にかきまぜるケベスに見入っていた。

ケベスはやがて連れられて、神社の西門、御供所前、拝殿前に向かう。この三カ所で棒の藁苞を地面に三回ずつ打ちつける。こうして来年の五穀の豊凶を占うのだ。響きのいい大きな音がすれば、豊作という。ケベスの役割はここで終了する。一方トウバたちは、燃えるシダの束を棒に突き刺し、頭上で振り回しながら境内を駆けまわる。廻廊の中まで走り込んで参拝者に遠慮なく火の粉をまき散らす。逃げまどう参拝者の歓声や悲鳴があがる。いや、逃げまどう者ばかりではない。進んで火の粉を受けようとしている母子がいる。中腰にかがんで合掌する母の袖を子どもはしっかり摑んで首をすくめている。トウバは二人の頭の上で振り回す。火の粉を浴びると無病息災であると信じられているのである。先生もいつしかこの境内のどよめきと一体となっていた。燃え盛る火に原始の心が呼び覚まされたからか、ナナさんといっしょにいるからか。おそらくどっちともだろう。

ナナさんの言うとおり先生にも分からなかった。ケベスは神さまなのか悪魔なのか。「抗争」はいったいなんの象徴なのか。けっきょくケベスとトウバはどっちが勝ったのか。それとも和合したのか。謎に包まれた不思議な祭りだった。あの格闘中、ケベスと目が合ったことだけは確かだ。

かつては十二のトウバ組があったが、過疎化で今は氏子約二百戸を八つのトウバ組に分けているという。戸主が婦人であったり、不幸があったりした家は除外され、さわりのない家の男が神事に奉仕する。トウバモトの家の軒下に作られる神穂屋《かむほや》はとくに神聖な場所だ。神穂屋とは宮下りした神導《じんどう》さまをお祀りする一間四方の小屋である。中に神棚を作り、その下に甘酒の甕《かめ》や供え物の櫃《ひつ》などを据える。神導さまは神幸の道案内の神とされ、ふだんは櫛来社の御供所に祀られている。神穂屋は不浄を嫌う。女子の入ることが絶対に禁じられているだけでなく、その付近を女子が通ることすら忌まれている。では女子は何もしないでいいのかというと、これが大変だ。トウバ組のみんなが守らなければならない決まりがある。よそから嫁に来た人は最初びっくりする。この期間は他人に火を貸すことも、借りることもできないのだ。それをここでは「火をまぜない」といっている。これを禁忌として厳重に守っている。学校の給食も他地区の子といっしょの火を通したものだから、家で作った弁当を持たせる。お客さんが来てもお茶も差し上げられない。やっぱり「火をまぜる」ことになるからだ。「もし間違いがあったらいけない」とよく女たちは言う。もし自分のうっかりで祭りにさわりがあったら、組中に迷惑をかけたら大変だ、という意味である。毎日火を扱う嫁たちは男以上に緊張を強いられるのである。

トウバになるとまずは神社の一斉清掃。組員総出で宮山から神穂屋に使われるカヤや、境内で燃やすシダ三百把を刈り集める。注連縄《しめなわ》の用意もする。そして当日は、必ず神社で直会《なおらい》がある。直会とは神人共食のことである。あらたまって神への供物をともに飲み食することで、神と人、あるいは人と人を結びつける。また、神に供えたものを飲食することで、その神秘的な霊威を取り込んで、病気もふきとばす。直会はとても重要な神事だ。でも一番楽しい、落ち着く。

そんな話をナナさんから聞いて、先生はうらやましいと思った。組中が一致団結するのはすばらしいと思った。こんなにみんなが心を一つにして人と人とがつながり合い、神と人とがつながり合っている。ケベス祭の当日は、子どもたちも大人といっしょに潮かきをし、白装束になって、棒をもち火を守る。祭り期間は大人も子どもも、男も女も組中が一つになる。先生の住む都会では考えられないことだった。喜びも悲しみもなにもかも共有して生きている。みんなで支え合って生きていると思った。そして、みんなで仲良く平和に生きるためにはもっと大きなものの存在が必要だということを榔来の人たちは知っていると思った。必要なものとは、太古の人たちがみんな持っていた「畏れの感情」とでもいえばいいだろうか。先生はまたナナさんに「ありがとう」と言った。

それから先生は画作に没頭した。そういう心持ちになった、純粋に描きたくなったのだ。もっと強くいえば、押さえても押さえ切れない衝動につき動かされて絵筆を取った。ナナさんにはそれが一心不乱に見えた。「ああ、これが信仰か」、先生がいつも言っていた言葉を思い出した。

ようやく完成されたその画は、ケベス祭だった。一面の朱に金粉を散らし、宙には激しい火炎も燃えさかっている。その中に白装束のケベスが一人。いや、一人というよりも三面六臂《さんめんろっぴ》のケベスである。それはあの奈良の美仏阿修羅像に似ていた。画の中のケベスのポーズもそれとそっくりだった。画の中のケベスもお面そっくりなのに、どこか初々しく、少年のようだった。そして、深い悲しみをたたえていかにも静かに立っている。しかし、角度によっては怒っているように見える。またそれは、何かを聞いているようでもあった。いや、何かを聞きたそうにしている。はたしてそれは仏の声か衆生の声か、それとも父の声であろうか。画布に描かれたものなのに、立体感がある。内心が浮き出ている。まるでケベスがそこに生きているようだった。

先生は初めケベスは自分だと思った。人殺しの自分はきっとあのような醜悪な顔をしているのだろう。神さまにはあんなふうに見えているのだろうと思った。トウバと格闘しているときに目が合った。その瞬間、あれは岳彦だと思った。何回も押し返されるケベスを見ているうちに確信した。熱いものがあふれた。ケベスは最後ゆるされて炎をかきちらし、お役ももらった。多くの参拝者たちにも励まされた。里人のやさしさに涙がとまらなかった。

左側の顔は阿修羅そのものだった。阿修羅はもと善神であった。しかし後に悪神になった。本来は正義の神であったが、不正を許さないあまりにも激しいその正義感のゆえに、ついに魔神にされてしまった。その阿修羅に自分の姿を込めた。右側の顔は、菩薩の顔だった。ナナさんとあの火の海のなかで合掌する母の姿を込めた。いつも人のことしか考えないナナさんと、子どもの無病息災を一心に祈る母は似ていると思った。

二本の手は、一本は自分のため、もう一本は人のためにあるという。阿修羅は左手に弓、右手に矢を持っていた。菩薩の手は二本とも人のために尽くそうとする手だった。ケベスは合掌している。世の中の悪を、人間の犯す罪を哀れんでほとけの慈悲ですべて赦《ゆる》そうとしている。その一方でこう言っている。合掌している手でゲンコツは作れない。手を合わせて合掌したら、人は殺せない。命あるものを害《そこな》ってはいけない。そこなう権利はだれにもない。人は人に対して合掌しなければならない。合掌したら殺せない。人を殺してはぜったいにいけない。そんな強い願いと祈りがこめられた合掌であった。

燃えさかる炎は修験者がおのれの煩悩業苦を焼き尽くさんとするように激しく描かれている。それでいて、穢《けが》れや悪霊を払い、先祖や祖霊に感謝し、豊作、豊漁と、村里の平安と健康を願う人々の祈りが込められて静かであった。なによりも、火に対する畏敬の念が画面いっぱいにあふれていた。画布全体から純心にもっとも力強く感じたものを正直に描いたということが伝わってくる画であった。

「ナナさん、これはあなたです。左側が私です」

「まあ、うれしい。優しそうで、きれいなこと」と、そこまで言って口をつぐんだ。「阿修羅の顔は怖いけどなんか懺悔しているみたい。でも後悔しても後悔しきれない、それで怒っているのね」と続けたかったのだが。先生はつらいんだ。この画を描くことによってやっと耐えたのだろうと思った。しかし、ナナさんはいつものように、先生のつらさに寄り添っているだけだった。いっしょに黙って悲しみに耐えてあげることしかできなかった。

「ナナさん、私は息子を殺してしまいました」

ナナさんはつぶやくような声で、しかしはっきりと言った。

「私も何人も殺しましたわ」

あらためて、先生はナナさんの顔をまじまじと見つめた。そういえば、ナナさんのことをぜんぜん知らない。若いようでもあるし年寄りのようでもある。旦那《だんな》さんのことも、家族のこともそういえば何も聞いたことはない。ふと仏壇のお像に気づいて、

「ナナさんその仏さまは?」と問うた。

「お観音さま。乞食僧を泊めてあげたら彫ってくれた」

「えっナナさんに」、先生はおどろいた。漆黒の古い観音さまだった。簡素で稚気さえ感じられるが、微笑をたたえたいかにも慈愛に満ちた顔をしている。三十センチメートル余りの立像で、手に持って握り締めると心が落ち着いてくるから不思議だ。

「そんなにして、何人もの人が祈ったんですよ。まあ、女の人が多いけどな。その観音さまのお講組みがあってな、講組みの女《ひと》がお産のときはぎゅっと握りしめてな、痛さに耐えて元気な子を産んだ。あっちこっちの『ヨワ』で産む女たちにも貸してあげてな、たいそう喜ばれた」

これは円空仏に違いないと思った。円空は江戸時代の仏師、遊行僧である。衆生済度を願い続け諸国を遍歴した。民衆を苦しみから救い出すため、庶民の悩みや祈りを彫り出した仏像は十二万体に及ぶといわれている。九州には行脚していないはずだが、確かにこの鑿《のみ》のあとは円空作に違いない。ナナさんはその円空から一宿一飯のお礼に彫ってもらったという。

「ところでナナさんて、どういう字を書くの」

「七回生まれるでナナオ、欲張りじゃろう」。七生《しちしょう》、人はこの世に七回まで生まれ変わることができるという。そのあとどうなるのか。その人しだいである。せっかくのチャンスを活かせなかった人はもっと苦界に身を沈める。人のことばっかり考えて生きている人は六道輪廻から解脱する、悟りを得て仏に成れる。そういう人を「すでに受記を得た菩薩」というのだ、と夷谷の住職に教えられた。やっぱりナナさんは仏さまに成ることをもう約束された菩薩さまだったのだ。先生はそう思った。そう思えば納得がいく。円空仏をもらったということも、戦災孤児を十人も育てたということも。ナナさんは、七生の記憶が今の一生の記憶となっているのだろう。不思議なことだが、ナナさんなら有りえる、国東なら信じられる。先生は、国東には菩薩がたくさんいると思っているからだ。

「私も殺したわ」、ナナさんが話しはじめた。「泣いてすがってくるわが子を。戦争のときも、日照りのときも、たくさんの子を見殺しにしたわ。つらかったわ。でも、どんなにつらくても受け止めなくてはならないことがあるのね。じっと耐えるしかないのね。でも、生きてる人も死んでいる人も人が人を思う気持ちは変わらないと思うの。だから私は死んだ人のことを思うの。向こうの思いやりに気がつくこともあるわ。

こんな私が生きていくことをどうして恕《ゆる》してくれているのだろう。私に何か人のためにお役に立てることがあるかしら。世の中のため、とか思うと気が重くなったわ。ふとある日、長瀬の観音さまが教えてくれたの。あなた、目の前の『あなたに私は何ができるかな』を考えなさい。私はあなたに何ができるかじゃないよ、私が先にきたらダメ、と」

「生まれてくるのは大変なんだから」、ナナさんは続けた。「生まれる前も生まれたときもみんな手を合わせるわ。お母さんも嬉しいし、お母さんから生まれる赤ちゃんもうれしいのよ。だって、人間のお母さんから生まれるのってほんとうに奇跡なんだから。うれしくてたまらなくて愛し合って幸せになろうとするわ、みんな。でも、どうしてかしら。幸せな家族にしようと思っているのに、そうならない人や家は多いわ。人に言えないことは何一つない家なんて一軒もないわ。みんなそんな話は閉じ込めてるのね。それどころか家から一歩も出ない子どもや大人もいるんだって。苦しんでるのね。私はバカでおせっかいだから手を出すの。かわいそうでたまらないからよ。前はそうではなかったわ。ご法事で和尚さんが長瀬の観音さまと同じことをおっしゃったわ。そういう人に知らんぷりしているのも悪いけど、知ってて何もしないのはもっと悪い。お観音さまの手を見てごらん、みんな手を差し伸べている。二本では足りなくて千本の手を差し伸べているお観音さまもいるよと教えられて、そうするようになったの。求め合って家族になったのに。ほんとうは愛し合っている家族がなぜそうなるの、悲しいわ」

初めて聞くナナさんの長い話だった。

「ケベスもトウバも神さまのお使い、人はみんな仏さまの授かり子」、そうつぶやいてナナさんは円空仏をなでた。

夾竹桃《きょうちくとう》が咲いたから夏までいたことになる。ナナさんと別れて、入り江の道を先生はバス停に向かって歩いていた。ふと道端に真っ赤なオシロイバナを見つけた。花の奥には蜜があり、かつては蜜を吸って遊ぶ子どももいたという。花が終わるとすぐに丸い黒色の果実をつける。その堅い皮をつぶすと中には白い粉がつまっている。そう、子どもたちはこの粉を白粉として顔につけて遊んでいた。子どもに好かれる花だった。子どもたちから愛されたこの花は、道端に雑草として咲く。しかも夏の暑い盛りに長い間花を開いている。けなげで強くたくましい花である。しかし、一つの花は短命で一日ほどで終わってしまうという。昨日見た花はもうないのだ。今見ている花は今日花開いたのだ。この世の無常をみずからの命を散らして見せてくれている。真っ赤に命を燃やして今を懸命に咲く花をいじらしいと思った。人の世の悲しみをなぐさめようと咲いている。先生はオシロイバナを拝みたくなった。なおしゃがんで見ていると、後ろから「コンニチハ」と中学校の男の子が自転車で通り過ぎて行った。そうか、もう下校の時間か。さきほどすれ違った小学校の女の子も「コンニチハ」と挨拶してくれた。そのときもおどろいたけれど、今度は後ろからしかも自転車であっという間に通り過ぎるのに挨拶してくれた。ちゃんと大きな声で。だれが教えるのだろう。教えなくても国東ではこうするのが当たり前なのだろうか。生きた菩薩たちに見守られて子どもたちはすくすく成長していると先生は感心した。

ふっと振り返ってみると岬の辺りが光った。大きな光だった。ナナさんの家だと直感した。ナナさんは涅槃《ねはん》に入ったのだ。迷いの世界を抜け出して仏になられたのだ。ナナさんの家は岬から消えていた。もうナナさんに会えない。さびしかったけど、先生は「ナナさん、ありがとう」と声に出して言った。そしてこうつぶやいた、「ありがとう、国東半島」。

あとがき　宇佐神宮と国東半島

私たちは大晦日に除夜の鐘を聞き、元旦には神社におまいりする。戦前の日本の家庭には、神棚とともに必ず仏壇があった。平安時代には、神々は仏・菩薩が衆生を救うために仮に現れた姿という本地《ほんじ》垂迹《すいじゃくせつ》説が唱えられたこともよく知っている。この神仏習合の歴史は古いが、正史に初めて現れる仏教と神々の接触は蘇我・物部氏の崇仏排仏の争いにおいてである。蘇我氏が敢然と仏教受容に邁進したのは、すでに宇佐八幡宮では僧形の巫祝《ふしゅく》が祈禱する呪術《じゅじゅつ》仏教が展開されていたことが一つの支えとなっている。

宇佐八幡宮が華々しく中央にデビューするのは聖武天皇の東大寺大仏造立のときである。宇佐八幡神は大仏造立援助を託宣して上京し、手向山八幡宮として鎮守神に納まった。天平勝宝元年（七四九）十二月の記事として『続日本紀』に宇佐八幡神の入京が語られている。ここでは八幡神に、最高の敬意が払われている。八幡神は「八幡大神」と呼ばれ、その禰宜大神杜女《ねぎおおがのもりめ》の輿は天皇と同じ紫色。天皇、太上天皇、皇太后もおでまし、文武百官ことごとく会した。そこで、大唐・渤海《ぼっかい》・呉の楽、五節の田儛《たまい》、久米儛をなすというのは、新羅使、唐使なみの異例の歓迎ぶりである。また、僧五千人を請じて礼仏読経せしめたのは、八幡神が天神地祇《てんじんちぎ》を代表して、この一大事業を承認し、援助を約したことに対する仏教側の感謝のしるしであろうか。ここにはっきりと国家的に神と仏との習合が宣せられたのである。このとき、封戸《ふこ》一四〇〇戸という伊勢大神を凌《しの》ぐ日本一の神領を与えられている。

壮大なスペクタルを見るようである。宇佐八幡と聖武天皇（このとき太上天皇）の威信を天下にとどろかせるに十分であった。ところで宇佐市は「神輿発祥の地」を謳っているが、このときの輿がそうである。九州は宇佐から奈良の都へと渡御した金色の鳳凰が屋根に輝く鳳輦《ほうれん》こそが、今に伝わる神輿の原型である。さらに古い養老四年（七二〇）九州南部に「隼人の乱」が起こった。このとき朝廷は宇佐八幡宮に勅使を派遣し、国家鎮護、隼人討伐を祈願し、豊前国司に八幡神の神霊が乗る神輿を造らせたという。起源説には諸説あるものだが、宇佐発祥説はかなり有力である。

国家鎮護の神となって政治抗争に巻き込まれることになる、呪詛をしたとされる厭魅《えんみ》事件。その後の、宇佐八幡宮の託宣にまつわる神護景雲三年（七六九）の和気清麻呂・道鏡事件はご存じの方も多いと思う。宇佐八幡宮は粛清を受け主要神職は流罪、僧侶たちは自ら国東半島に隠退した。これが国東六郷山仏教の始まりである。

平安時代に入ると、宇佐八幡宮の神仏習合思想はいっそう深まり浸透していく。「吾が都近くに移座するのは王城を鎮護せんが為なり」の託宣をうけ男山に八幡大菩薩を勧請《かんじょう》したのが、貞観二年（八六〇）清和天皇の石清水八幡社創建である。正式には神仏分離以前までは石清水八幡宮護国寺とよばれた。もちろん宇佐八幡宮弥勒寺をまねたものである。ここに宮と寺が一体になった「宮寺」という神仏習合様式が国家の表舞台に歴然と出現するのである。すなわち、神社に神宮寺が建てられ、神前読経や神前写経が行われた。一方、寺院では境内に仏法擁護の善神を祀る鎮守社が建立されるようになる。そして、神と仏は一体であるというところから本地垂迹説が広まった。以降八幡神は、伊勢大神とならんで二所の宗廟《そうびょう》と崇敬されることになる。

石清水八幡宮の分霊を鎌倉に勧請したのが鶴岡八幡宮である。清和源氏の氏神として信仰された。そのため八幡神は武家の守護神として発展し、各地の荘園にも鎮守神として勧請され、全国に普及していった。中世において八幡神は「神は八幡」といわれるほど神の代名詞になった。

全国津々浦々に広まった八幡さまのおおもとは宇佐八幡宮だったのである。

国東半島はこの宇佐八幡宮の威勢と宮寺信仰を抜きには語れない。国東六郷は国衙領《こくがりょう》の国東郷を除けばすべてが宇佐八幡宮と弥勒寺領の荘園であった。九州第一の荘園領主として開発に力を注ぎ、広くもない二十八谷は豊後国で最大の水田面積を誇ることになる。平安末から鎌倉時代にかけてのことである。天台宗が六郷山の組織を整えて、神仏習合の六郷満山文化が花開くのはちょうどその頃である。弥勒寺の下でその修行の場として次第に寺院の体裁を整えてきた六郷の岩屋寺院、山岳寺院は保安元年（一一二〇）延暦寺の末寺となっている。そのきっかけとなったのも実は宇佐八幡宮弥勒寺である。末法突入三〇年目の永保元年（一〇八一）、白河天皇の御願で建立された弥勒寺新宝塔院の落慶法要が行われた。この法要では天台座主の指示を受けて伝授された天台の法華供養を弥勒寺僧が国家的行事として行なっている。これは天台法華一乗思想と八幡護国思想の結合を象徴するものであり、その後の天台六郷山の形成に大きな影響を与えたのである。

天台延暦寺の末寺になるということは大勢・体制に与《くみ》するということではない。逆に権門勢力である宇佐宮や弥勒寺に付属した体制的寺院の道を択ばなかったということである。

その頃の六郷山は惣山屋山寺（長安寺）を中心として満山大衆による衆議の体制が整っていた。大衆と呼ばれる「住僧」はまったくの山岳修験者である。そして坊に住み自ら深山を開き幽谷の水を堰き止めて水田を開発した。そんな「住僧」を含む満山大衆の主体的意思により「国東の六郷山」として生きる道を決定したのである。民衆の祈りや願いに応えんがためであろう。

平氏政権から鎌倉幕府成立にいたるあの治承・寿永の内乱期。宇佐宮に乱入した一軍により惣山の伽藍は焼失、六郷山は退転した。雌伏の時をへて安貞三年（一二二八）、鎌倉幕府将軍家祈禱所の地位を得、惣山執行を中心とする祈禱体制を確立する。モンゴル軍の侵攻を受けた文永・弘安の役には、幕府の「八幡大菩薩イコール仁聞菩薩の六郷山」への祈願や切だった。

　こうしてみると国東半島はけっして中央とは無縁だったとはいえない。むしろ、「国の前《さき》」、境界であり、朝敵との最前線の位置を占める要衝の地であった。宇佐八幡宮は巨大権門そのものだった。その名残りをたしかに六郷満山文化に見ることもできる。たとえば富貴寺の大堂や真木大堂の仏たち、熊野摩崖仏大日如来である。そして六郷満山は、鎌倉幕府からも保護を受ける寺院であった。

　しかし、鎮護国家あるいは国家神道といっても、民衆をとらえてはなさなかった信仰は日々の暮らしの中の祈りであり、生存を脅かす天災地変や疫病を払う咒術的方法ではなかったろうか。それが証拠に中央とのつながりが切れて後も近世にかけて、庶民の祈りを込めた石造の仏像・塔婆は全半島ないところはないほど造られた。仁王像さえも寺社の守護から村全体や個人の祈願のために造立され、その数圧倒的に全国一である。

　受け入れる側においては神や仏の区別も必要でなかったと思うのである。耕してその日送りをする人々にとっては、現世における利益を与えてくれるものであれば、寺でも神社でもよかったのではないか。

　宗教的無節操をいうのではない。反対に日本人の柔軟性、奥深さをいいたいのである。神社とお寺が平和的に共存し、神と仏が融合する。それは強さやふところの深さのあらわれではないか。平六どんや文殊仙寺の浄覚などを見てそう思う。かれらは天地自然の前には人智人為のとうてい及ばないことを知った。そしてその人間のもつ業の深さや冷酷さを知った。そんなとてつもない恐怖や畏れの前にひれふすとき、見えてきたものは世界の一体感ではなかったろうか。それでもやっぱり人は自然とつながり人と通じ合って生きるしかない。そこには神と仏、現世や来世の区別もない。一木一草に神はやどり、ものみな仏性を有す。すべてに親しみすべてを拝み救いを求める。そんな祈りの姿は人間の強さであり謙虚さでこそあれ、無節操とは思えない。永遠性をも思う。

古来、国東半島全域を霊地とする民間信仰があった。きれいで変化に富む海岸、一歩山に入れば奇岩奇峰の連なる仙境、太古からこの美しい自然に驚嘆し魅入られない者はなかった。今もそれは変わらない。半島の岩窟を巡る原始的な山岳信仰の練行者、そして天台宗の仏教的な山岳信仰の修験者の姿。あの「千日回峰行」は天台宗の荒行である。これらはけっして異様なものではなく日々の暮らしのなかで見慣れた光景であった。そういう宗教的風土の中で同じように谷々では水田耕作が行われている。やがて峰入りの行列に続きあるいは接待として参加し、祭りを輪番で主催する祭祀組織を整えていくというのは自然のなりゆきであった。人生儀礼も農耕儀礼もみずからの祈りであり、村落共同体の願いである。

中世には大友氏、田原氏等により禅宗が勢力を張り、やがて浄土教系もしっかりと根をおろし、江戸時代は天領を含む五藩に分立された。しかし、宗主は変わっても庶民といわれる人々の暮らしや祈りは変わらない。人々はみずからの「仏神事」として粛々と執り行なった。

モンゴル軍再侵攻への警戒は、六郷満山における異国調伏の祈禱を恒常化させ、それが修正鬼会を生み出したともいわれる。豊後高田市の天念寺のそれは黒い鬼と赤い鬼が講堂で暴れる。黒鬼は蒙古の鬼とみなされ、赤鬼は弥勒寺初代別当の法蓮、愛染明王の化身とされる。しかし、黒鬼は一方で仁聞菩薩、不動明王の化身といわれ、その松明に叩かれた者はその年の幸福が約束される。里人は祭を変容させている。強いもの恐ろしいものの霊力にあずかろうとしているのである。これは、謎に満ちたケベス祭にも通じるところがあるのかも知れない。

神社で行われる「祭」も、神すなわち「尋常でない霊威を発するもの」に「まつろう」あるいは「待つ」ことであるといわれる。神の霊威に服従し奉仕して饗応《きょうおう》する。そして、神の訪れを待ち、神からのメッセージである神託を請うのである。来世のことでなく、今年の五穀の吉凶を占いもちろん豊作を願い感謝するのである。天台宗の奥義として伝わる護摩祈禱も、息災、増益《ぞうやく》、降伏《ごうぶく》、敬愛という現世利益を特徴としている。法華一乗の深遠な教理よりも即時に応えてくれるのが有り難くてわかりやすい。国東の人々はその天台宗による神仏習合の霊場を半島の各地に持っていたことは幸せだった。僧俗一体の仏教行事はやがて集落や里人の年中行事となった。たとえば丸小野子供修正鬼会。同じように人々の祈りを込めて「里の鬼会」が昭和に至るまで半島のあちこちで行われてきた。線香の煙と護摩の火を絶やすことなく、神社祭祀、家庭祭祀を粗末にすることもなかった。そして、素朴な祈りと救いの充満するそこはいつしかほとけの里と呼ばれるようになったのである。それは半島の圧倒的な自然景観が、宇佐八幡宮の神仏習合の原初体験があったからこそである。そのうえ造仏塔に適した椹の木や角閃安山岩が豊富にあった。さらには瀬戸内式気候の少雨が、僻遠《へきえん》の地であったことが、半島であったことが、もちろん敬虔な民心が等々、奇跡的な偶然（必然）が重なって、国東の人々は神と仏と鬼さえいっしょという千年の信仰、暮らしぶりを守り続けることができたのである。古くからひらけ貧しくもない半島の各家各地ではそのほか、庚申塔やイットウ一族でまつる神々も多く、各種の祭り座や講組みがまことに多い。直会で神と人とがともに飲食をし、人と人とのつながりをいっそう深めてきた。

宇佐八幡宮は神仏分離令後の明治五年に宇佐神宮と改められた。が、今でも通称として宇佐八幡と呼び親しんでいる。全国に四万社余りあるといわれる八幡さまの総本宮として宇佐神宮は今も多くの参拝者を集めている。

国東は仏の里である。それに間違いはない。少しだけつけ加えさせていただくと、国東は神仏習合発祥の地、そしてその原風景を今に伝える里である。そしてさらに、国東六郷満山とは天台宗はもとより、すべての神社やお寺、すべての国東人《くにさきびと》を含めた全山の総称である、と思う。私はそんな半島のあちこちを今なお歩き続けている。初版より十五年が経過したが、いっこうに悩みは尽きないのである。

そんな折、「ほほえみの御仏―二つの半跏思惟像《はんかしゆいぞう》―」特別展が開催されていると聞いて上京した。上野の博物館はごった返していた。喧騒のなかで、しかし二つの像はあの独特のポーズで静かに瞑想していた。二人は対座して、飛鳥の中宮寺と韓国一四〇〇年の時空を超えて会えた喜びをやさしい微笑みにたたえていた。母にも似たしずかで深いほほえみに惹き込まれひざまずきそうになったが身動きができなかった。

東京はどこもそうだった。久しぶりの東京は見ず知らずの人が洪水のように溢れていた。しかし林立するビルの窓は外界をピシャリと遮断し、まったく人の気配を感じさせない。むしょうに国東を歩きたくなった。半島北東部のリアス式の海岸を初めて歩いた。旧道の旧道を岬の果てまで巡って歩いた。入り江には必ず人々のたしかな暮らしぶりがあった。そして、民宿から見る朝日は美しかった。それは姫島と岬の間の海の中から昇ってきた。宿のお上さんによると夏限定で、あとは岬の山影から昇るという。ちょっとした幸せな気分になれた。人々もやさしかった。おだやかな国東時間が流れている。また、少しだけがんばってみようと思った。

その北浦部での体験をまとめたのが「ナナさんと先生」である。さらに「あとがき」を加え、旧版に加筆修正したのがこの改訂版である。変わり映えしないで恐縮だが、竹馬の友である尾立孝氏の写真が引き立ててくれた。

多くの文献・参考書にお世話になった。が、この本の「物語」という性格に免じて掲載の省略をお許し願いたい。

あとがきの「宇佐神宮と国東半島」については、中野幡能《はたよし》はもちろん、和歌森太郎編『くにさき』、梅原猛『海人と天皇』、大法輪選書『仏教と神々』、『大分県史古代篇Ⅰ・Ⅱ、中世篇Ⅰ』（大分県）、飯沼賢司『国東六郷山の信仰と地域社会』にはとくに貴重な教示を受けた。もとより歴史家ではない。国東半島に生きる生活者、沙弥《しゃみ》としての実感を基にまとめたものである。あらためて民間信仰をあなどってはいけない、と思い知らされた。そして法華一乗の「凡夫は未完成の仏、仏は完成した凡夫」というありがたい教えも頂戴した。

たくさんの方々にお世話になった。まだ見ぬ人にもお世話になった。

杉本雅子氏をはじめとする海鳥社の皆様にも感謝したい。

最後までお付き合いくださった方に、少しだけ、具体的なご案内をさせていただく。そして、これを機になんども国東の地に足を運んでもらいたいと思う。

修験者の歩いた岩場やお寺をめぐる「国東半島峯道ロングトレイル」がある。豊後高田市、国東市に十のコースが開かれている。この中には、近ごろ認定された世界農業遺産の里めぐりを含むものもある。「魂（こころ）の旅」ができること請け合いである。「国東おだやか博」がある。千年を超えて人々の暮らしに流れる本物のおだやかな時間を過ごしてもらおうというものである。美しい「自然」や独特の「歴史・文化」、「ものづくり」「食」を体験する三十のプログラムを用意している。最少催行一名もある文字どおりアットホームなおもてなしをする。

どっぷりお寺や仏像に浸りたいという人には「宇佐神宮と国東半島霊場札所巡り」がある。どちらかというとこれは陸の孤島ゆえに車向きである。大分交通の定期観光バスも走っている。最後にお伝えしたい。国東の神さまや仏さま鬼さまはずうっと待っている。いつでも待っている。「なつかしい人」たちも皆さんの「帰郷」を心待ちにしている。あなたの「小さな旅」がおだやかで平安であることを私も心から祈っていることを。

平成二十九年八月十九日

通正知秀

通正知秀（つうしょう・ともひで）
昭和24年、大分県国東市生まれ。曹洞宗寺院住職。元高校教諭。教育学修士、法務博士。
著書　『菩薩の教育　修行と人間形成』（大分合同新聞文化センター）
『小さな旅　国東物語』（島影社）他

写真：尾立孝（おだつ・たかし）
昭和30年、大分県国東市生まれ。古里くにさきを撮り続けている。

小《ちい》さな旅《たび》
国東半島物語《くにさきはんとうものがたり》

■

2017年9月25日　第1刷発行

■

著者　通正知秀
発行者　杉本雅子
発行所　有限会社海鳥社
〒812-0023　福岡市博多区奈良屋町13番4号
電話092(272)0120　FAX092(272)0121
印刷・製本　有限会社九州コンピュータ印刷
ISBN 978-4-86656-013-7
http://kaichosha-f.co.jp/
［定価は表紙カバーに表示］